CB121329

O Ente e a Essência

O Ente e a Essência

De ente et essentia

São Tomás de Aquino

Tradução e introdução de Carlos Eduardo de Oliveira

Edição bilíngue

EDITORA
IDEIAS & LETRAS

Diretor Editorial
Márcio Fabri

Conselho Editorial
Edvaldo M. Araújo
Marco Lucas Tomaz
Orlando A. Silva Cassiano

Coordenação editorial
Valério Alves

Preparação
Andresa Mariana

Revisão
Daniel de Vasconcelos Andrade

Diagramação e Capa
Airton Felix Silva Souza

Tradução
Carlos Eduardo de Oliveira

Título original: *De ente et essentia.*

Todos os direitos em língua portuguesa, para o Brasil,
reservados à Editora Ideias & Letras, 2024.

1ª impressão

Rua Oliveira Alves, 164
Ipiranga – São Paulo/SP
Cep: 04210-060
Televendas: 0800 777 6004
Editorial: (11) 3862-4831
vendas@ideiaseletras.com.br
www.ideiaseletras.com.br

Dados Internacionais de Catalogação na Publicação (CIP) de acordo com o ISBD

A657e O Ente e a Essência / São Tomás de Aquino ; traduzido por Carlos Eduardo de Oliveira. – São Paulo : Ideias & Letras, 2024.

152 p. ; 16cm x 23cm.

Tradução: *De ente et essentia*
Inclui bibliografia.

ISBN: 978-65-87295-73-2

1. Filosofia. 2. Ente. 3. Essência. I. Oliveira, Carlos Eduardo de. II. Título.

2024-1095 CDD 100
CDU 1

Elaborado por Vagner Rodolfo da Silva - CRB-8/9410

Índices para catálogo sistemático:

1. Filosofia 100
2. Filosofia 1

Sumário

THOMAE DE AQUINO
De ente et essentia

<PROLOGVS>

Quia paruus error in principio magnus est in fine secundum Philosophum in I Celi et mundi, ens autem et essentia sunt que primo intellectu concipiuntur, ut dicit Auicenna in principio sue Methaphisice, ideo ne ex eorum ignorantia errare contingat, ad horum difficultatem aperiendam dicendum est quid nomine essentie et entis significetur, et quomodo in diuersis inueniatur, et quomodo se habeat ad intentiones logicas, scilicet genus, speciem et differentiam.

TOMÁS DE AQUINO
O ente e a essência[1]

<PRÓLOGO>

Porque "um pequeno erro no princípio é grande no fim", segundo o Filósofo em *O céu* I,[2] e, além disso, "o ente e a essência são os que são primeiramente concebidos pelo intelecto",[3] como Avicena diz no princípio de sua *Metafísica*, então, para que não se dê o errar a partir da ignorância a respeito deles, para que a dificuldade quanto a eles venha a ser descoberta, há que se dizer o que é significado com o nome de "ente" e de "essência", bem como de que modo é encontrado em diversos e de que modo está para as intenções lógicas (a saber: o gênero, a espécie e a diferença).

---

1 TOMÁS DE AQUINO, *De ente et essentia*. *In*: *Sancti Thomae de Aquino Opera Omnia iussu Leonis XIII edita* [= Leonina]. Tomus XLIII, Cura et Studio Fratrum Praedicatorum. Roma: Santa Sabina, 1976, p. 369-381.

2 *De caelo* I 9 (271 b 8-13); ainda, AVERRÓIS, *In De anima* III comm. 4: "pois, como disse Aristóteles, um erro mínimo no princípio é causa de um erro máximo no final" (ed. Crawford, p. 384, l. 32).

3 Cf. AVICENA, *Metaph.* I, cap. 6: "Dizemos, então, que o ente, a coisa e o necessário são tais que são imediatamente impressos na alma pela impressão primeira" (ed. Venetiis 1508, f. 72 rb A); certamente falta ali a palavra "essência", mas pouco abaixo segue-se: "Com efeito, qualquer coisa tem a certeza pela qual é aquilo que é... Qualquer coisa tem a certeza própria de que é sua quididade" (*Ibidem*, f. 72 va C).

Quia uero ex compositis simplicium cognitionem accipere debemus et ex posterioribus in priora deuenire, ut a facilioribus incipientes conuenientior fiat disciplina, ideo ex significatione entis ad significationem essentie procedendum est.

Porque devemos, de fato, receber o conhecimento dos simples a partir dos compostos e chegar aos anteriores a partir dos posteriores, de modo que, ao começarmos dos mais fáceis, o aprendizado se dê do modo mais conveniente, então, há que se avançar para a significação de "essência" a partir da significação de "ente".

CAPITVLVM I

Sciendum est igitur quod, sicut in V Methaphisice Philosophus dicit, ens per se dupliciter dicitur: uno modo quod diuiditur per decem genera, alio modo quod significat propositionum ueritatem. Horum autem differentia est quia secundo modo potest dici ens omne illud de quo affirmatiua propositio formari potest, etiam si illud in re nichil ponat; per quem modum priuationes et negationes entia dicuntur: dicimus enim quod affirmatio est opposita negationi, et quod cecitas est in oculo. Sed primo modo non potest dici ens nisi quod aliquid in re ponit; unde primo modo cecitas et huiusmodi non sunt entia.

Nomen igitur essentie non sumitur ab ente secundo modo dicto: aliqua enim hoc modo dicuntur entia que essentiam non habent, ut patet in priuationibus; sed sumitur essentia ab ente primo modo dicto. Vnde Commentator in eodem loco dicit quod ens primo modo dictum est quod significat essentiam rei. Et quia, ut

1º Capítulo

[O QUE É SIGNIFICADO COM OS NOMES "ENTE" E "ESSÊNCIA"][1]

Há que se saber que, como o Filósofo diz em *Metafísica* V,[2] o ente por si é dito de dois modos: de um modo, que é dividido em dez gêneros; de outro modo, que significa a verdade das proposições. Ora, há diferença entre eles porque, do segundo modo, pode ser dito "ente" tudo aquilo sobre o que pode ser formada uma proposição afirmativa, mesmo que aquilo não ponha nada na coisa – modo pelo qual as privações e as negações são ditas "entes". Com efeito, dizemos "afirmação é o oposto de negação" e "a cegueira é no olho". Do primeiro modo, porém, não pode ser dito "ente" senão o que põe algo na coisa, donde, do primeiro modo, a cegueira e o que é como ela não são "entes".

O nome "essência" não é tomado do ente dito do segundo modo: deste modo, alguns que não têm essência são ditos "entes", como é patente nas privações, mas "essência" é tomado do ente dito do primeiro modo, donde o Comentador diz, no mesmo lugar,[3] que "dito do primeiro modo, 'ente' é o que significa a essência da coisa". E porque, como

---

1 Os títulos e subtítulos dos capítulos, que aparecem entre colchetes, são acréscimos do tradutor.

2 *Metaph.* V 9 (1017a 22-35).

3 AVERRÓIS, *Metaph.* V comm. 14: "Mas deves saber que, universalmente, o nome 'ente' que significa a essência da coisa é diferente de 'ente' que significa o verdadeiro" (ed. Venetiis, 1552, f. 55 va 56).

dictum est, ens hoc modo dictum diuiditur per decem genera, oportet ut essentia significet aliquid commune omnibus naturis per quas diuersa entia in diuersis generibus et speciebus collocantur, sicut humanitas est essentia hominis, et sic de aliis.

Et quia illud per quod res constituitur in proprio genere uel specie est hoc quod significatur per diffinitionem indicantem quid est res, inde est quod nomen essentie a philosophis in nomen quiditatis mutatur; et hoc est etiam quod Philosophus frequenter nominat quod quid erat esse, id est hoc per quod aliquid habet esse quid. Dicitur etiam forma, secundum quod per formam significatur certitudo uniuscuiusque rei, ut

foi dito, o ente dito desse modo é dividido em dez gêneros, é preciso que "essência", como em "humanidade é a essência de homem" e em outras assim, signifique algo comum a todas as naturezas pelas quais entes diversos são colocados em gêneros e espécies diversos.

E porque a definição que indica *o que é* a coisa significa aquilo pelo que a coisa é colocada no gênero ou na espécie adequados, segue-se que o nome "essência" seja convertido pelos filósofos[4] no nome "quididade",[5] e isso é ainda o que o Filósofo nomeia frequentemente "o '*o que*' que era o ser",[6] ou seja, "isto pelo que algo tem o ser o '*o que*'".[7] Diz-se, ainda, "forma", segundo o que, por "forma", é significada "a certeza de qualquer coisa", como diz

4 Por exemplo, AVICENA, *Metaph.* V, cap. 5, *passim*, igualmente, AVERRÓIS, *Metaph.* VII, *passim.*

5 Tomás sugere que a palavra *quiditas* ("quididade") foi cunhada de modo a fazer referência ao que é a resposta da questão "*quid est*?" ("*o que é?*") (N. do T.).

6 A expressão τὸ τί ἦν εἶναι, que lemos às dezenas nos *Segundos analíticos* II 4-6 (91 a 25-92 a 25) ou em *Metafísica* VII, cap. 3-6 (1028 b 34-1032 a 29), foi vertida pelos tradutores latinos por "*quod quid erat esse*", como em Tiago de Veneza, como se encontra em sua tradução dos *Segundos analíticos* (AL IV. 1-4) e da *Metafísica 'Vetustissima'* (AL XXV.I.Iª), mas não em Guilherme de Moerbeke, como, por exemplo, na nova tradução da *Metafísica.*

7 Uma análise que visa explicar (e empregar literalmente) a expressão "o 'o que' que era o ser" no sentido de "isto pelo que algo tem o ser o 'o que'" pode ser encontrada em TOMÁS DE AQUINO, 1964. *In Duodecim Libros Metaphysicorum Aristotelis Expositio*, VII, lectio 5, n. 1358-1361. Roma: Marietti, p. 336 s. Esse texto de Tomás mostra também a relação dessa expressão com a discussão desenvolvida aqui no capítulo terceiro sobre as duas considerações da essência "tomada a modo de todo" nas substâncias compostas, na qual a expressão reaparecerá de certo modo, especialmente quando se trata da consideração da essência "segundo o ser que tem nisto ou naquilo" (N. do T.).

dicit Auicenna in II Methaphisice sue. Hoc etiam alio nomine natura dicitur, accipiendo naturam secundum primum modum illorum quatuor quod Boetius in libro De duabus naturis assignat: secundum scilicet quod natura dicitur omne illud quod intellectu quoquo modo capi potest, non enim res est intelligibilis nisi per diffinitionem et essentiam suam; et sic etiam Philosophus dicit in V Methaphisice quod omnis substantia est natura. Tamen nomen nature hoc modo sumpte uidetur significare essentiam rei secundum quod habet ordinem ad propriam operationem rei, cum nulla res propria operatione destituatur; quiditatis uero nomen sumitur ex hoc quod per diffinitionem significatur. Sed essentia dicitur secundum quod per eam et in ea ens habet esse.

Avicena no livro II de sua *Metafísica*.[8] Por outro nome, diz-se isso também "natureza", tomando natureza segundo o primeiro modo daqueles quatro que Boécio indica no livro *As duas naturezas*, a saber, segundo o que se diz natureza "aquilo que o intelecto pode abarcar de algum modo",[9] pois a coisa não é inteligível senão por sua definição e essência e, assim, também o Filósofo diz, em *Metafísica* V, que "toda substância é natureza",[10] ainda que se veja que o nome "natureza" tomada desse modo signifique a essência da coisa segundo o que tem a ordem para a operação própria da coisa – dado que nenhuma coisa seja destituída de operação própria –, enquanto o nome "quididade" é tomado de que seja significada pela definição. Ora, diz-se "essência" segundo o que, por ela e nela, o ente tem ser.[11]

---

8 *Metaph.* I, cap. 6: "qualquer coisa tem a certeza própria de que é sua quididade" (f. 72 va); e II, cap. 2: "esta certeza ... é a forma" (f. 76 ra).

9 *De persona et duabus naturis,* cap. 1: "Há natureza daquelas coisas que, quando são, podem ser abarcadas de algum modo pelo intelecto" (PL 64, 1341 B).

10 *Metaph.* V 5 (104 b 36): "A natureza dos existentes é dita, de outro modo, a natureza substância" (ms. P, fol. 195 vb; ms. V, fol. 39 r).

11 GILSON, E., 1947. *Réalisme thomiste et critique de la connaissance.* Paris: Vrin, p. 218 s., parafraseia o último trecho assim: "Se, então, se admite designar com a palavra 'natureza' a essência da coisa enquanto rege as operações que essa coisa perfaz e que nossos sentidos percebem, será possível dizer que apreendemos pelo intelecto as quididades das naturezas sensíveis. Mas essa essência da coisa não é nela mesma nossa resposta à questão *quid*; ela é aquilo de que a nossa resposta para a questão dá a definição. Assim, a essência não é de partida e imediatamente o princípio das operações da coisa; ela o é, mas ela não faz o operar a coisa senão porque de partida ela a faz existir" (N. do T.).

Sed quia ens absolute et primo dicitur de substantiis, et per posterius et quasi secundum quid de accidentibus, inde est quod etiam essentia proprie et uere est in substantiis, sed in accidentibus est quodammodo et secundum quid. Substantiarum uero quedam sunt simplices et quedam composite, et in utrisque est essentia; sed in simplicibus ueriori et nobiliori modo, secundum quod etiam esse nobilius habent: sunt enim causa eorum que composita sunt, ad minus substantia prima simplex que Deus est. Sed quia illarum substantiarum essentie sunt nobis magis occulte, ideo ab essentiis substantiarum compositarum incipiendum est, ut a facilioribus conuenientior fiat disciplina.

[De que modo o que é significado com o nome de "ente" e de "essência" é encontrado em diversos?]

Mas porque, a respeito das substâncias, diz-se "ente" de modo absoluto e quanto ao anterior e, a respeito dos acidentes, quanto ao posterior e como se segundo o 'o que', tem-se, então, que a essência é, própria e verdadeiramente, nas substâncias, mas, nos acidentes, é de certo modo e segundo o 'o que'. De fato, algumas das substâncias são simples e outras compostas e a essência é em cada uma delas, mas de modo mais verdadeiro e mais nobre nas simples, segundo o que, ademais, têm ser mais nobre, pois são causa daquelas que são compostas, ao menos a substância simples primeira que é Deus. Mas porque as essências dessas substâncias são mais ocultas para nós, há, então, que se começar a partir das essências das substâncias compostas, dado que o aprendizado seja, do modo o mais conveniente, realizado a partir dos mais fáceis.

CAPITVLVM II

In substantiis igitur compositis forma et materia nota est, ut in homine anima et corpus. Non autem potest dici quod alterum eorum tantum essentia esse dicatur. Quod enim materia sola rei non sit essentia, planum est, quia res per essentiam suam et cognoscibilis est, et in specie ordinatur uel genere; sed materia neque cognitionis principium est, neque secundum eam aliquid ad genus uel speciem determinatur, sed secundum id quod aliquid actu est. Neque etiam forma tantum essentia substantie composite dici potest, quamuis hoc quidam asserere conentur. Ex hiis enim que dicta sunt

2º Capítulo

[O QUE É SIGNIFICADO COM O NOME "ESSÊNCIA" NAS SUBSTÂNCIAS COMPOSTAS]

Nas substâncias compostas, há as marcas "forma" e "matéria", como "alma" e "corpo" no homem.[12] Ora, não é possível dizer que apenas uma das duas haveria de ser dita ser a essência, pois está claro que, sozinha, a matéria da coisa não seria a essência, porque, por sua essência, a coisa tanto é cognoscível como está ordenada quanto à espécie ou ao gênero. Ora, a matéria nem é princípio de conhecimento nem algo está determinado – quanto ao gênero ou à espécie – segundo ela, mas segundo aquilo que algo é em ato. Nem também a forma, unicamente, pode ser dita a essência da substância composta, por mais que alguns se ponham a defender isso,

12 Aqui, a palavra latina *nota, -ae,* ("marca") parece ter o mesmo sentido que em *Aristóteles, Sobre a interpretação,* 1, 16a 3-8 [*apud* BOÉCIO 1880. *Commentarii in Librum Aristotelis Peri Hermeneias: Pars Posterior*. C. Meiser Recensuit. Leipzig: Teubner, p. 25]: "Sunt ergo ea quae sunt in voce earum quae sunt in anima passionum notae et ea quae scribuntur eorum quae sunt in voce. Et quemadmodum nec litterae omnibus eaedem, sic nec voces eaedem. Quorum autem haec primorum notae, eaedem omnibus passiones animae et quorum hae similitudines, res etiam eaedem" – "Portanto, aqueles que são na voz são marcas daquelas afecções que são na alma. Aqueles que são escritos, daqueles que são na voz. Assim como as letras não são as mesmas para todos, as vozes também não são as mesmas. Ora, as vozes são marcas daqueles primeiros, as afecções da alma, as mesmas para todos. Também são as mesmas as coisas das quais essas afecções são similitudes" (N. do T.).

patet quod essentia est illud quod per diffinitionem rei significatur; diffinitio autem substantiarum naturalium non tantum formam continet sed etiam materiam, aliter enim diffinitiones naturales et mathematice non differrent. Nec potest dici quod materia in diffinitione substantie naturalis ponatur sicut additum essentie eius uel ens extra essentiam eius, quia hic modus diffinitionum proprius est accidentibus, que perfectam essentiam non habent; unde oportet quod in diffinitione sua subiectum recipiant, quod est extra genus eorum. Patet ergo quod essentia comprehendit et materiam et formam.

Non autem potest dici quod essentia significet relationem que est inter materiam et formam, uel aliquid superadditum ipsis, quia hoc de necessitate esset accidens et extraneum a re, nec per eam res cognosceretur: que omnia essentie conueniunt. Per formam enim, que est actus materie, materia efficitur ens actu et hoc aliquid; unde illud quod superaduenit non dat esse actu simpliciter materie, sed esse actu tale, sicut etiam accidentia faciunt, ut albedo facit actu album. Vnde et quando talis forma acquiritur, non dicitur generari simpliciter sed secundum quid.

Relinquitur ergo quod nomen essentie in substantiis compositis significat id quod ex materia et forma compositum est. Et huic consonat uerbum Boetii

pois é patente do que foi dito que "essência" é "aquilo que é significado pela definição da coisa": ora, a definição das substâncias naturais não contém unicamente a forma, mas também a matéria, pois, de outro modo, não haveria diferença entre definições naturais e matemáticas. Também não pode ser dito que a matéria seria posta na definição da substância natural, tal como um acréscimo de sua essência ou como um ente exterior à sua essência, porque este modo de definições é próprio aos acidentes, que não têm uma essência perfeita – donde ser preciso que recebam o sujeito que é exterior ao seu gênero em sua definição. Portanto, é patente que a essência compreende tanto a matéria como a forma.

Ora, não pode ser dito que "essência" significaria "a relação que há entre matéria e forma" ou algo acrescentado sobre elas, porque isto seria necessariamente um acidente e estranho à coisa e a coisa não seria conhecida por ela. Todas essas vêm em conjunto com a essência, pois a matéria é feita ente em ato e este algo pela forma que é ato da matéria; donde aquilo que é superveniente não confere à matéria o ser em ato de modo absoluto, mas o ser isto em ato, tal como os acidentes também fazem: como a brancura faz o branco em ato. Donde também não se diz que, quando é adquirida, tal forma seja gerada de modo absoluto, mas segundo o 'o que'.

Resta, portanto, que o nome "essência" significa, nas substâncias compostas, "aquilo que é composto a partir de matéria e de forma". E concorda com isso a palavra de

in commento Predicamentorum, ubi dicit quod usya significat compositum; usya enim apud Grecos idem est quod essentia apud nos, ut ipsemet dicit in libro De duabus naturis. Auicenna etiam dicit quod quiditas substantiarum compositarum est ipsa compositio forme et materie. Commentator etiam dicit super VII Methaphisice « Natura quam habent species in rebus generabilibus est aliquod medium, id est compositum ex materia et forma ». Huic etiam ratio concordat, quia esse substantie composite non est tantum forme neque tantum materie, sed ipsius compositi; essentia autem est secundum quam res esse dicitur: unde oportet ut essentia qua res denominatur ens non tantum sit forma, neque tantum materia, sed utrumque, quamuis huiusmodi esse suo modo sola forma sit causa. Sic enim in aliis uidemus que ex pluribus principiis constituuntur, quod res non denominatur ex altero illorum principiorum

Boécio no comentário das *Categorias*, em que diz que a *ousia* significa o composto[13] pois, entre os gregos, "*ousia*" é o mesmo que "essência" entre nós, como ele mesmo diz no livro *As duas naturezas*. Avicena também diz que "a quididade das substâncias compostas é a própria composição de forma e de matéria".[14] Também o Comentador diz sobre o livro VII da *Metafísica*: "a natureza que as espécies têm nas coisas geráveis é algo intermediário, isto é, composto a partir de matéria e forma".[15] Também a razão concorda com isso, porque o ser da substância composta não é unicamente da forma nem unicamente da matéria, mas do próprio composto. Ora, a coisa é dita ser segundo a essência: donde é preciso que a essência pela qual a coisa é denominada "ente" não seja unicamente forma nem unicamente matéria, mas uma e outra, por mais que apenas a forma, a seu modo, seja a causa de ser do que é assim. Com efeito, em outros que são constituídos a partir de vários princípios, vemos se dar que a coisa não seja denominada unicamente a partir de um

---

13 Essa afirmação é atribuída a Boécio por ALBERTO MAGNO, *Super Sent.* I d. 23 a. 4 (Borgnet 25, 591 a); *Ibidem*. BOAVENTURA, dub. 1; o próprio TOMÁS DE AQUINO, q. 1 a. 1; mas não se encontra em Boécio. {A edição crítica latina parece ter razão quanto à literalidade da citação. Mas no comentário para as *Categorias*, Boécio fala, porém, da substância (*substantia*) composta de forma (*species*) e matéria (PL 64, c. 184A). A referência ao *As duas naturezas* pode ser encontrada em PL 64, c. 1344C. (N. do T.)}

14 AVICENA, *Metaph.* V. cap. 5: "a quididade ... é composta desde forma e matéria: com efeito esta é a quididade do composto, e a quididade é esta composição" (fol. 90 ra F).

15 AVERRÓIS, *Metaph.* VII. comm. 27 (fol. 83 va 42-44).

tantum, sed ab eo quod utrumque complectitur: ut patet in saporibus, quia ex actione calidi digerentis humidum causatur dulcedo, et quamuis hoc modo calor sit causa dulcedinis, non tamen denominatur corpus dulce calore sed sapore qui calidum et humidum complectitur.

Sed quia indiuiduationis principium materia est, ex hoc forte uideretur sequi quod essentia, que materiam in se complectitur simul et formam, sit tantum particularis et non uniuersalis: ex quo sequeretur quod uniuersalia diffinitionem non haberent, si essentia est id quod per diffinitionem significatur. Et ideo sciendum est quod materia non quolibet modo accepta est indiuiduationis principium, sed solum materia signata; et dico materiam signatam que sub determinatis dimensionibus consideratur. Hec autem materia in diffinitione que est hominis in quantum est homo non ponitur, sed poneretur in diffinitione Sortis si Sortes diffinitionem haberet. In diffinitione autem hominis ponitur materia non signata: non enim in diffinitione hominis ponitur hoc os et hec caro, sed os et caro absolute que sunt materia hominis non signata.

Sic ergo patet quod essentia hominis et essentia Sortis non differt nisi secundum signatum et non signatum; unde Commentator dicit super VII Methaphisice « Sortes nichil aliud est quam animalitas et rationalitas, que sunt quiditas eius ». Sic etiam essentia

desses princípios, mas a partir daquilo que abarca um e outro, como é patente nos sabores, porque a doçura é causada a partir da ação do quente que digere o úmido e, por mais que, desse modo, o calor seja causa da doçura, o corpo, porém, não é denominado doce pelo calor, mas pelo sabor que abarca o quente e o úmido.

Ora, porque o princípio de individuação é a matéria, a partir disso talvez seria visto se seguir que a essência, que abarca em si simultaneamente a matéria e a forma, seja unicamente particular e não universal: a partir disso seguir-se-ia que os universais não teriam definição, se "essência" é "aquilo que é significado pela definição". E, assim, há que se saber que não é tomada de qualquer modo que a matéria é princípio de individuação, mas unicamente a matéria assinalada; e digo "matéria assinalada" aquela que é considerada sob dimensões determinadas. Ora, esta matéria não é posta na definição que é de homem "enquanto é homem", mas seria posta na definição de Sócrates se Sócrates tivesse definição. Ora, na definição de homem é posta a matéria não assinalada, pois na definição de homem não estão postos este osso e esta carne, mas osso e carne absolutamente, os quais são a matéria não assinalada de homem.

Portanto, fica patente, desse modo, que a essência de homem e a essência de Sócrates não diferem senão segundo o assinalado e o não assinalado; donde o Comentador diz sobre *Metafísica* VII: "Sócrates não é nada que não a animalidade e a racionalidade que são sua

generis et speciei secundum signatum et non signatum differunt, quamuis alius modus designationis sit utrobique: quia designatio indiuidui respectu speciei est per materiam determinatam dimensionibus, designatio autem speciei respectu generis est per differentiam constitutiuam que ex forma rei sumitur. Hec autem determinatio uel designatio que est in specie respectu generis, non est per aliquid in essentia speciei existens quod nullo modo in essentia generis sit; immo quicquid est in specie est etiam in genere ut non determinatum. Si enim animal non esset totum quod est homo sed pars eius, non predicaretur de eo, cum nulla pars integralis de suo toto predicetur.

quididade".[16] Desse modo, ainda, a essência do gênero e da espécie diferem segundo o assinalado e o não assinalado, por mais que o modo de designação seja diverso quanto a um e quanto a outra: porque há a designação do indivíduo com respeito à espécie pela matéria determinada pelas dimensões, mas há a designação da espécie com respeito ao gênero pela diferença constitutiva que é tomada a partir da forma da coisa. No entanto, esta determinação ou designação que se dá na espécie com respeito ao gênero não se dá por algo existente[17] na essência da espécie que não se daria de nenhum modo na essência do gênero: pelo contrário, tudo o que se dá na espécie se dá também no gênero como o não determinado. Com efeito, se animal não fosse o todo que é o homem, mas uma parte dele, não seria predicado a ele, visto que nenhuma parte integral[18] seja predicada a seu todo.

---

16 AVERRÓIS, *Metaph.* VII, comm. 20: "...que são sua quididade"; assim no mss XIII s., tal como em Vat. lat. 2081, fol. 74 vb e Ottob. Lat. 2215, fol. 91 vb; ed. Venetiis 1552: "...suas quididades" (fol. 80 ra 23).

17 Cf. GILSON, E., 2016. *O ser e a essência*. Tradução de C. E. Oliveira *et alii*. São Paulo: Paulus, p. 304: "(...) para encontrar um sentido filosófico rigoroso (...) é preciso retornar ao sentido primitivo e erudito do verbo *existir*, que significa primeiramente (...) ter acedido ao ser real em virtude da eficácia de uma causa, seja eficiente, seja final." (N. do T.).

18 Cf. TOMÁS DE AQUINO, *Suma de Teologia* IIª-IIae, q. 48, resp.: "respondeo dicendum quod triplex est pars, scilicet integralis, ut paries, tectum et fundamentum sunt partes domus; subiectiva, sicut bos et leo sunt partes animalis; et potentialis, sicut nutritivum et sensitivum sunt partes animae" – "respondo dizendo que parte é tríplice, a saber, integral, como a parede, o teto e o fundamento são partes da casa; subjetiva, como o boi e o leão são partes do animal; e potencial, como o nutritivo e o sensitivo são partes da alma". Donde nenhuma parte

Hoc autem quomodo contingat uideri poterit, si inspiciatur qualiter differt corpus secundum quod ponitur pars animalis, et secundum quod ponitur genus; non enim potest esse eo modo genus quo est pars integralis. Hoc igitur nomen quod est corpus multipliciter accipi potest. Corpus enim secundum quod est in genere substantie dicitur ex eo quod habet talem naturam ut in eo possint designari tres dimensiones; ipse enim tres dimensiones designate sunt corpus quod est in genere quantitatis. Contingit autem in rebus ut quod habet unam perfectionem, ad ulteriorem etiam perfectionem pertingat; sicut patet in homine, qui et naturam sensitiuam habet, et ulterius intellectiuam. Similiter etiam et super hanc perfectionem que est habere talem formam ut in ea possint tres dimensiones designari, potest alia perfectio adiungi, ut uita uel aliquid huiusmodi. Potest ergo hoc nomen corpus significare rem quandam que habet talem formam ex qua sequitur in ipsa designabilitas trium dimensionum, cum precisione: ut scilicet ex illa forma nulla ulterior perfectio sequatur, sed si quid aliud superadditur, sit preter significationem corporis sic dicti. Et hoc modo corpus erit integralis et materialis pars animalis: quia sic anima erit preter id quod significatum est nomine

Será possível, no entanto, ver de que modo isso acontece[19] se for inspecionado como, qualitativamente, o corpo difere segundo o que é posto como parte do animal e segundo o que é posto como gênero, pois não pode ser gênero do mesmo modo pelo qual é parte integral. Este nome "corpo" pode, então, ser tomado de muitos modos, pois, segundo o que está no gênero da substância, é dito "corpo" porque tem uma tal natureza que nele podem ser designadas três dimensões e eis que as próprias três dimensões designadas são o "corpo" que está no gênero da quantidade. Ora, acontece nas coisas que o que tem uma perfeição alcance também a perfeição ulterior, tal como é patente no homem, o qual tem tanto a natureza sensitiva como, ulteriormente, a intelectiva. Também, semelhantemente, pode ainda ser acrescentada sobre a perfeição que é "ter tal forma de modo que nela possam ser designadas três dimensões", outra perfeição como a vida ou algo assim. Portanto, o nome "corpo" pode significar *com cissura* certa coisa que tem tal forma a partir da qual se segue nela a designabilidade de três dimensões, a saber, de modo que não se siga a partir daquela forma nenhuma perfeição ulterior, mas, se outro 'o que' for sobre acrescentado, que esteja além da significação de "corpo" dito desse modo. E, deste modo, o corpo será parte integral e material do animal, porque, assim, a alma

---

integral se predica a seu todo assim como "parede" não se predica a "casa", ou seja, assim como é falsa a predicação que diz "a casa é a parede" (N. do T.).

19 Cf. TOMÁS DE AQUINO, *Super Sent.* I d. 25 q. 1 a. 1 ad 2, referindo-se a Avicena; veja-se AVICENA, *Metaph.* V, cap. 3 (fol 88 ra A).

corporis, et erit superueniens ipsi corpori, ita quod ex ipsis duobus, scilicet anima et corpore, sicut ex partibus constituetur animal.

Potest etiam hoc nomen corpus hoc modo accipi ut significet rem quandam que habet talem formam ex qua tres dimensiones in ea possunt designari, quecumque forma sit illa, siue ex ea possit prouenire aliqua ulterior perfectio, siue non; et hoc modo corpus erit genus animalis, quia in animali nichil erit accipere quod non implicite in corpore contineatur. Non enim anima est alia forma ab illa per quam in re illa poterant designari tres dimensiones; et ideo cum dicebatur quod 'corpus est quod habet talem formam ex qua possunt designari tres dimensiones in eo', intelligebatur quecumque forma esset: siue anima, siue lapideitas, siue quecumque alia. Et sic forma animalis implicite in forma corporis continetur, prout corpus est genus eius.

Et talis est etiam habitudo animalis ad hominem. Si enim animal nominaret tantum rem quandam que habet talem perfectionem ut possit sentire et moueri per principium in ipso existens, cum precisione alterius perfectionis, tunc quecumque alia perfectio ulterior superueniret haberet se ad animal per modum compartis, et non sicut implicite contenta in ratione animalis: et sic animal non esset genus. Sed est genus secundum quod

estará além daquilo que é significado pelo nome "corpo" e será superveniente ao próprio corpo, de modo que, tal como "animal" será constituído a partir de partes, a partir desses mesmos dois, a saber, alma e corpo.

O nome "corpo" pode ser tomado também deste modo: para significar certa coisa que tem tal forma a partir da qual podem ser designadas nela três dimensões seja qual for aquela forma, quer possa provir dela alguma perfeição ulterior, quer não. Deste modo, "corpo" será gênero de "animal", porque não haverá nada a tomar em "animal" que não esteja contido implicitamente em "corpo". Com efeito, a alma não é outra forma separada daquela pela qual poderiam ser designadas naquela coisa três dimensões. E, assim, quando se dizia que "'corpo' é o que tem tal forma a partir da qual podem ser designadas nele três dimensões", entendia-se qualquer forma que fosse: quer a alma, quer a petreidade, quer qualquer outra. E, desse modo, a forma do animal está implicitamente contida na forma do corpo dado que "corpo" é o seu gênero.

E isso, ademais, é a relação habitual de "animal" para "homem". Com efeito, se "animal" nomeasse unicamente certa coisa que tem esta perfeição de poder sentir e se mover pelo princípio existente nele com a cissura de outra perfeição, então, qualquer outra perfeição ulterior que sobreviesse estaria para "animal" ao modo de parte conjunta e não tal como contida implicitamente na noção "animal": e, assim, "animal" não seria gênero. Ora,

significat rem quandam ex cuius forma potest prouenire sensus et motus, quecumque sit illa forma: siue sit anima sensibilis tantum, siue sensibilis et rationalis simul.

Sic ergo genus significat indeterminate totum id quod est in specie, non enim significat tantum materiam. Similiter etiam et differentia significat totum, et non significat tantum formam; et etiam diffinitio significat totum, uel etiam species. Sed tamen diuersimode: quia genus significat totum ut quedam denominatio determinans id quod est materiale in re sine determinatione proprie forme, unde genus sumitur ex materia - quamuis non sit materia -; ut patet quia corpus dicitur ex hoc quod habet talem perfectionem ut possint in eo designari tres dimensiones, que quidem perfectio est materialiter se habens ad ulteriorem perfectionem. Differentia uero e conuerso est sicut quedam denominatio a forma determinata sumpta, preter hoc quod de primo intellectu eius sit materia determinata; ut patet cum dicitur animatum, scilicet illud quod habet animam, non enim determinatur quid sit, utrum corpus uel aliquid aliud: unde dicit Auicenna quod genus non intelligitur in differentia sicut pars

é gênero segundo o que significa certa coisa a partir de cuja forma pode provir o sentido e o movimento, seja qual for aquela forma: quer seja unicamente alma sensitiva, quer sensitiva e racional simultaneamente.

Portanto, o gênero significa, desse modo, indeterminadamente tudo aquilo que há na espécie: com efeito, não significa unicamente a matéria. E, de modo semelhante, também a diferença significa o todo e não significa unicamente a forma e também a definição (ou: também a espécie) significa o todo, ainda que, porém, de modos diversos:[20] porque o gênero significa o todo como certa denominação que determina aquilo que é *material* na coisa sem a determinação da forma própria, donde o gênero é tomado a partir da matéria, embora não seja matéria como é patente, porque é dito "corpo" a partir disto que tem tal perfeição de poderem ser designadas nele três dimensões, perfeição que, certamente, é o estar materialmente para a perfeição ulterior. De fato, a diferença é, inversamente, tal como certa denominação tomada da *forma* determinada apesar de a matéria estar determinada desde sua primeira intelecção, como é patente quando se diz "animado", a saber, "aquilo que tem alma": com efeito, não está determinado o que é, se corpo ou algo diverso, donde Avicena[21] diz que "o gênero

20 Em *Super Sent. II* d. 3 q. 1 a. 5 arg. 4, Tomás de Aquino faz referência a Avicena; cf. AVICENA, *Metaph.* V, cap. 5 (fol. 89 va D).

21 AVICENA, *Metaph.* V, cap. 6: "O gênero ... é predicado à diferença de modo a ser dela concomitante, não parte de sua quididade" (fol. 90 va B).

essentie eius, sed solum sicut ens extra essentiam, sicut etiam subiectum est de intellectu passionum. Et ideo etiam genus non predicatur de differentia per se loquendo, ut dicit Philosophus in III Methaphisice et in IV Topicorum, nisi forte sicut subiectum predicatur de passione. Sed diffinitio uel species comprehendit utrumque, scilicet determinatam materiam quam designat nomen generis, et determinatam formam quam designat nomen differentie.

Et ex hoc patet ratio quare genus, species et differentia se habent proportionaliter ad materiam et formam et compositum in natura, quamuis non sint idem quod illa: quia neque genus est materia, sed a materia sumptum ut significans totum; neque differentia forma, sed a forma sumpta ut significans totum. Vnde dicimus hominem esse animal rationale, et non ex animali et rationali sicut dicimus eum esse ex anima et corpore: ex anima enim et corpore dicitur esse homo sicut ex duabus rebus quedam res tertia constituta que neutra illarum est, homo enim neque est anima neque corpus. Sed si homo aliquo modo ex animali et rationali esse dicatur, non erit sicut res tertia ex duabus rebus, sed sicut intellectus tertius ex duobus intellectibus. Intellectus

não é inteligido na diferença assim como uma parte de sua essência, mas sozinho", assim como um ente exterior à essência, assim como, também, cabe um sujeito à intelecção das afecções. E desse modo, como diz o Filósofo em *Metafísica* III e em *Tópicos* IV,[22] falando por si, talvez também não se predique ao gênero a diferença se não assim como ao sujeito é predicada a afecção. A definição ou espécie, no entanto, abarca ambos, a saber, a matéria determinada que o nome "gênero" designa e a forma determinada que o nome "diferença" designa.

E é patente, a partir disso, a razão pela qual[23] o gênero, a espécie e a diferença estão proporcionalmente para a matéria, a forma e o composto na natureza por mais que não sejam o mesmo que esses, porque nem o gênero é a matéria, mas tomado desde a matéria para significar o todo; nem a diferença é a forma, mas tomada desde a forma para significar o todo. Donde dizemos que "homem" é "animal racional", e não "a partir de animal e de racional" assim como o dizemos ser a partir de alma e corpo: com efeito, o homem é dito ser a partir de alma e corpo assim como uma terceira coisa constituída a partir de duas coisas que não é nenhuma delas, pois o homem nem é alma nem corpo. Ora, se "homem" for dito ser de algum modo a partir de animal e racional, não será tal como uma terceira coisa a partir de duas coisas, mas tal como uma terceira intelecção a partir de

22 *Metaph.* III 8 (998 b 24) e *Topic.* IV, cap. 2 (122 b 20).

23 Cf. AVICENA, *Metaph.* V, cap. 5 (fol. 89 v D-E).

enim animalis est sine determinatione specialis forme, exprimens naturam rei ab eo quod est materiale respectu ultime perfectionis; intellectus autem huius differentie rationalis consistit in determinatione forme specialis: ex quibus duobus intellectibus constituitur intellectus speciei uel diffinitionis. Et ideo sicut res constituta ex aliquibus non recipit predicationem earum rerum ex quibus constituitur, ita nec intellectus recipit predicationem eorum intellectuum ex quibus constituitur: non enim dicimus quod diffinitio sit genus aut differentia.

Quamuis autem genus significet totam essentiam speciei, non tamen oportet ut diuersarum specierum quarum est idem genus, sit una essentia, quia unitas generis ex ipsa indeterminatione uel indifferentia procedit. Non autem ita quod illud quod significatur per genus sit una natura numero in diuersis speciebus, cui superueniat res alia que sit differentia determinans ipsum, sicut forma determinat materiam que est una numero; sed quia genus significat aliquam formam – non tamen determinate hanc uel illam –, quam determinate differentia exprimit, que non est alia quam illa que indeterminate significabatur per genus. Et ideo dicit Commentator in XI Methaphisice quod materia prima dicitur una per remotionem omnium formarum, sed genus dicitur unum per communitatem forme

duas intelecções. Com efeito, a intelecção "animal" se dá sem a determinação da forma especial que exprime a natureza da coisa desde aquilo que é material com respeito à perfeição última, mas a intelecção da diferença "racional" consiste na determinação da forma especial: duas intelecções a partir das quais constitui-se a intelecção da espécie ou da definição. E, desse modo, assim como a coisa constituída a partir de alguns não recebe a predicação daquelas coisas a partir das quais é constituída, assim também a intelecção não recebe a predicação daquelas intelecções a partir das quais é constituída; com efeito, não dizemos "a definição é gênero" ou "diferença".

Por mais, porém, que o gênero signifique toda a essência da espécie, não é preciso, no entanto, que seja uma a essência das diversas espécies das quais o gênero é o mesmo, porque a unidade do gênero avança a partir da própria indeterminação ou indiferença, mas não de modo que aquilo que é significado pelo gênero seja numericamente uma natureza em diversas espécies à qual sobrevenha outra coisa que seja a diferença que o determina assim como a forma determina a matéria, que é numericamente uma, mas porque o gênero significa alguma (mas não esta ou aquela de modo determinado) forma que a diferença exprime de modo determinado, a qual não é outra senão a que estava significada de modo indeterminado pelo gênero. E o Comentador diz desse modo em *Metafísica* XI que a matéria prima "é dita uma pela remoção de todas as formas, mas o gênero é dito

significate. Vnde patet quod per additionem differentie remota illa indeterminatione que erat causa unitatis generis, remanent species per essentiam diuerse.

Et quia, ut dictum est, natura speciei est indeterminata respectu indiuidui sicut natura generis respectu speciei: inde est quod, sicut id quod est genus prout predicabatur de specie implicabat in sua significatione, quamuis indistincte, totum quod determinate est in specie, ita etiam et id quod est species secundum quod predicatur de indiuiduo oportet quod significet totum id quod est essentialiter in indiuiduo, licet indistincte. Et hoc modo essentia speciei significatur nomine hominis, unde homo de Sorte predicatur. Si autem significetur natura speciei cum precisione materie designate que est principium indiuiduationis, sic se habebit per modum partis; et hoc modo significatur nomine humanitatis, humanitas enim significat id unde homo est homo. Materia autem designata non est id unde homo est homo, et ita nullo modo continetur inter illa ex quibus homo habet quod sit homo. Cum ergo humanitas in suo intellectu includat

um pela comunidade da forma significada",[24] donde é patente que, pela adição da diferença, removida aquela indeterminação que era a causa da unidade do gênero, as espécies permanecem diversas pela essência.

E porque, como foi dito, a natureza da espécie é indeterminada com respeito ao indivíduo assim como a natureza do gênero com relação à espécie, há, daí, que, tal como aquilo que é o gênero (enquanto havia de ser predicado à espécie) implicava em sua significação, por mais que de modo indistinto, o todo que há de modo determinado na espécie, é preciso também que, do mesmo modo, também aquilo que é a espécie (segundo o que é predicada ao indivíduo) signifique aquele todo que essencialmente há no indivíduo, ainda que de modo indistinto. E a essência da espécie é significada deste modo pelo nome "homem", donde "homem" é predicado a "Sócrates". No entanto, se a natureza da espécie for significada com a cissura da matéria designada que é o princípio de individuação, então estará a modo de parte: e é significada deste modo pelo nome "humanidade", com efeito, "humanidade" significa "aquilo de onde o homem 'é homem'". Ora, a matéria assinalada não é aquilo de onde o homem "é homem" e, assim, não haveria de estar contida de nenhum modo entre aqueles a partir dos quais ao homem cabe "ser homem". Portanto, visto que, em sua

24 AVERRÓIS, *Metaph.* XI (=XII), comm. 14: "[Aristóteles] tinha a intenção de declarar a diferença entre a natureza da matéria no ser e a natureza da forma universal, e, maximamente, daquilo que é o gênero... Ora, esta comunidade, que é inteligida na matéria, é pura privação, dado que não seja inteligida senão segundo a ablação das formas individuais dela" (fol. 141 va-vb).

tantum ea ex quibus homo habet quod est homo, patet quod a significatione excluditur uel preciditur materia designata; et quia pars non predicatur de toto, inde est quod humanitas nec de homine nec de Sorte predicatur. Vnde dicit Auicenna quod quiditas compositi non est ipsum compositum cuius est quiditas, quamuis etiam ipsa quiditas sit composita; sicut humanitas, licet sit composita, non est homo: immo oportet quod sit recepta in aliquo quod est materia designata.

Sed quia, ut dictum est, designatio speciei respectu generis est per formam, designatio autem indiuidui respectu speciei est per materiam, ideo oportet ut nomen significans id unde natura generis sumitur, cum precisione forme determinate perficientis speciem, significet partem materialem totius, sicut corpus est pars materialis hominis; nomen autem significans id unde sumitur natura speciei, cum precisione materie designate, significat partem formalem. Et ideo humanitas significatur ut forma quedam, et dicitur quod est forma totius; non quidem quasi superaddita

intelecção, "humanidade" inclua unicamente aqueles a partir dos quais "é homem" cabe ao homem, é patente que a matéria designada está excluída ou cissurada da significação. E porque a parte não é predicada ao todo, há, daí, que "humanidade" nem é predicada a homem nem a Sócrates, donde Avicena diz que a quididade do composto não é o próprio composto do qual é quididade, por mais que a própria quididade também seja composta, tal como humanidade, embora seja composta, não é homem[25] – afinal, é preciso que seja recebida em algo, que é a matéria designada.

Mas porque, como foi dito, há designação da espécie com respeito ao gênero pela forma, mas há designação do indivíduo com relação à espécie pela matéria, é preciso, então, que o nome que significa aquilo de onde é tomada a natureza do gênero, com a cissura da forma que perfaz a espécie, signifique a parte material do todo, tal como o corpo é parte material do homem. Ora, o nome que significa aquilo de onde é tomada a natureza da espécie com a cissura da matéria designada significa a parte formal. E "humanidade" é significada desse modo como certa forma – e se diz que é a forma do todo:[26] certamente, não como se acrescentada sobre as

25 AVICENA, *Metaph.* V, cap. 5: "A 'quididade' é aquilo que é 'tudo que é forma existente em conjunto com a matéria'... o composto ainda não é essa intenção, porque é composta a partir de forma e de matéria: com efeito, essa é a quididade do composto, e a quididade é essa composição" (fol. 90 ra F).

26 Cf. TOMÁS DE AQUINO, *Super Sent.* I d. 23 q. 1 a. 1: "Porque se qualquer um for tomado como o 'pelo que é', 'essência' significa desse modo, a quididade

partibus essentialibus, scilicet forme et materie, sicut forma domus superadditur partibus integralibus eius: sed magis est forma que est totum, scilicet formam complectens et materiam, tamen cum precisione eorum per que nata est materia designari.

Sic igitur patet quod essentiam hominis significat hoc nomen homo et hoc nomen humanitas, sed diuersimode, ut dictum est: quia hoc nomen homo significat eam ut totum, in quantum scilicet non precidit designationem materie sed implicite continet eam et indistincte, sicut dictum est quod genus continet differentiam; et ideo predicatur hoc nomen homo de indiuiduis. Sed hoc nomen humanitas significat eam ut partem, quia non continet in significatione sua nisi id quod est hominis in quantum est homo, et precidit omnem designationem; unde de indiuiduis hominis non predicatur. Et propter hoc nomen essentie quandoque inuenitur predicatum de re, dicimus enim Sortem esse essentiam quandam; et quandoque negatur, sicut dicimus quod essentia Sortis non est Sortes.

partes essenciais, a saber, à forma e à matéria, tal como a forma da casa é acrescentada sobre as suas partes integrais, mas é, antes, a forma que é o todo, a saber, a forma que também faz complexão com a matéria, ainda que com a cissura daqueles pelos quais a matéria está apta a ser designada.

É patente, desse modo, que o nome "homem" e o nome "humanidade" significam a "essência de homem", mas de modos diversos, como foi dito, porque o nome "homem" a significa como todo, a saber, enquanto não cissura a designação da matéria, mas a contém de modo implícito e indistinto, tal como foi dito que o gênero contém a diferença – e, assim, o nome "homem" é predicado aos indivíduos. O nome "humanidade", porém, a significa como parte, porque não contém em sua significação senão aquilo que é o homem "enquanto é homem" e cissura toda designação – donde não é predicado aos homens individuais. E por essa razão às vezes o nome "essência" é encontrado predicado à coisa, com efeito, dizemos que Sócrates é certa essência, e às vezes é negado, tal como dizemos que a essência de Sócrates não é Sócrates.

---

que é a forma do todo, 'usiosis' a forma da parte, 'hipóstase', a matéria"; de um modo um pouco diverso, ALBERTO MAGNO, *De IV coaequevis* tr. 4 q. 20 a. 1: "Ora, digo 'forma do todo' aquela forma que é predicável a todo composto, assim como 'homem' é a forma de Sócrates" (Borgnet 34, 460 a-b).

CAPITVLVM III

Viso igitur quid significetur nomine essentie in substantiis compositis, uidendum est quomodo se habeat ad rationem generis et speciei et differentie. Quia autem id cui conuenit ratio generis uel speciei uel differentie predicatur de hoc singulari signato, impossibile est quod ratio uniuersalis, scilicet generis uel speciei, conueniat essentie secundum quod per modum partis significatur, ut nomine humanitatis uel animalitatis; et ideo dicit Auicenna quod rationalitas non est differentia sed differentie principium; et eadem ratione humanitas non est species, nec animalitas genus. Similiter etiam non potest dici quod ratio generis uel speciei conueniat essentie secundum quod est quedam res existens extra singularia, ut Platonici ponebant, quia sic genus et species non predicarentur de hoc indiuiduo; non enim potest dici quod Sortes sit hoc quod ab eo

3º Capítulo

[DE QUE MODO AQUILO QUE É SIGNIFICADO COM O NOME "ESSÊNCIA" NAS SUBSTÂNCIAS COMPOSTAS ESTÁ PARA A NOÇÃO DE GÊNERO, DE ESPÉCIE E DE DIFERENÇA]

Visto o que haveria de ser significado com o nome "essência" nas substâncias compostas, há que se ver de que modo está para a noção de gênero, de espécie e de diferença. Ora, porque aquilo a que convém a noção de gênero ou de espécie ou de diferença é predicado a este singular assinalado, é impossível que a noção universal, a saber, de gênero e de espécie, seja conveniente à essência segundo o que é significada a modo de parte, como pelo nome "humanidade" ou "animalidade". E Avicena diz desse modo que "a racionalidade não é a diferença, mas o princípio da diferença"[27] e, pela mesma razão, "humanidade" não é espécie nem "animalidade" gênero. De modo semelhante, também não pode ser dito que a noção de gênero ou de espécie seja conveniente à essência segundo o que é "certa coisa existente exterior aos singulares", como sustentavam os Platônicos, porque, desse modo, o gênero e a espécie não seriam predicados a este indivíduo: com efeito, não pode ser dito que

27 AVICENA, *Metaph.* V, cap. 6: "A diferença não é tal qual é a racionalidade e a sensibilidade... Portanto, é mais conveniente que estes sejam o princípio das diferenças, não as diferenças" (fol. 90 rb A).

separatum est, nec iterum illud separatum proficeret in cognitionem huius singularis. Et ideo relinquitur quod ratio generis uel speciei conueniat essentie secundum quod significatur per modum totius, ut nomine hominis uel animalis, prout implicite et indistincte continet totum hoc quod in indiuiduo est.

Natura autem uel essentia sic accepta potest dupliciter considerari. Vno modo secundum rationem propriam, et hec est absoluta consideratio ipsius: et hoc modo nichil est uerum de ea nisi quod conuenit sibi secundum quod huiusmodi; unde quicquid aliorum attribuatur sibi, falsa erit attributio. Verbi gratia homini in eo quod homo est conuenit rationale et animal et alia que in diffinitione eius cadunt; album uero aut nigrum, uel quicquid huiusmodi quod non est de ratione humanitatis, non conuenit homini in eo quod homo. Vnde si queratur utrum ista natura sic considerata possit dici una uel plures, neutrum concedendum est, quia utrumque est extra intellectum humanitatis, et utrumque potest sibi accidere. Si enim pluralitas esset de intellectu eius, numquam posset esse una, cum tamen una sit secundum quod est in Sorte. Similiter si unitas esset de ratione eius, tunc esset una et eadem Sortis et Platonis, nec posset in pluribus plurificari. Alio modo consideratur secundum esse quod habet in hoc uel in illo: et sic de ipsa

Sócrates seja isto que é separado dele, nem, ainda, esse separado avançaria ao conhecimento daquele singular. E, assim, resta que a noção de gênero ou de espécie seja conveniente à essência segundo o que é significada a modo de todo, como pelo nome "homem" ou "animal" enquanto contém, de modo implícito e indistinto, este todo que há no indivíduo.

Tomada desse modo, a natureza ou essência pode, porém, ser considerada de dois modos: de um modo, segundo a noção própria – e essa é sua consideração *absoluta*. E, deste modo, nada a respeito dessa natureza ou essência é verdadeiro a não ser que seja conveniente a ela segundo o que é como ela, donde será falsa a atribuição de tudo de diverso que for atribuído a ela. Por exemplo, ao homem, naquilo que é homem, convém o racional, o animal e outros que entram em sua definição: de fato, o branco e o negro ou tudo o que, como eles, não cabe à noção "humanidade", não convém ao homem naquilo que é homem; donde, se for perguntado se essa natureza considerada desse modo poderia ser dita uma ou várias, nada há que se conceder – as duas alternativas são exteriores à intelecção "humanidade" e cada uma delas pode se dar para ela: pois se houvesse pluralidade quanto à intelecção dela, jamais poderia ser uma, ainda que seja, porém, uma segundo o que se dá em Sócrates. De modo semelhante, se houvesse unidade quanto à noção dela, então seria uma e a mesma, de Sócrates e de Platão, e não poderia multiplicar-se em muitos. De outro modo, é considerada segundo o ser que tem nisto ou naquilo: e,

aliquid predicatur per accidens ratione eius in quo est, sicut dicitur quod homo est albus quia Sortes est albus, quamuis hoc non conueniat homini in eo quod homo.

Hec autem natura habet duplex esse: unum in singularibus et aliud in anima, et secundum utrumque consequntur dictam naturam accidentia; in singularibus etiam habet multiplex esse secundum singularium diuersitatem. Et tamen ipsi nature secundum suam primam considerationem, scilicet absolutam, nullum istorum esse debetur. Falsum enim est dicere quod essentia hominis in quantum huiusmodi habeat esse in hoc singulari, quia si esse in hoc singulari conueniret homini in quantum est homo, numquam esset extra hoc singulare; similiter etiam si conueniret homini in quantum est homo non esse in hoc singulari, numquam esset in eo: sed uerum est dicere quod homo, non in quantum est homo, habet quod sit in hoc singulari uel in illo aut in anima. Ergo patet quod natura hominis absolute considerata abstrahit a quolibet esse, ita tamen quod non fiat precisio alicuius eorum. Et hec natura sic considerata est que predicatur de indiuiduis omnibus.

Non tamen potest dici quod ratio uniuersalis conueniat nature sic accepte, quia de ratione uniuersalis est unitas et communitas; nature autem humane neutrum horum conuenit secundum absolutam suam considerationem. Si enim communitas esset de

deste modo, algo é predicado a ela *por acidente*, em razão daquilo em que ela se dá, tal como, porque Sócrates é branco, se diz que "homem é branco", por mais que isso não seja conveniente ao homem naquilo que homem.

Esta natureza tem, porém, um ser duplo: um nos singulares e outro na alma. E, segundo cada um deles, os acidentes se seguem conjuntamente à dita natureza. Nos singulares, tem também um ser múltiplo segundo a diversidade dos singulares. E, no entanto, nenhum destes seres é devido à própria natureza segundo sua primeira consideração, a saber, a absoluta, pois é falso dizer que caiba à essência de homem, enquanto deste modo, ser neste singular, porque se ser neste singular fosse conveniente ao homem "enquanto é homem", jamais seria fora deste singular; de modo semelhante, ademais, se fosse conveniente ao homem "enquanto é homem" não ser neste singular, jamais seria nele. Mas é verdadeiro dizer que cabe ao homem, não "enquanto é homem", ser neste singular, ou naquele, ou na alma: portanto, é patente que a natureza de homem absolutamente considerada abstrai de qualquer ser de modo que não seja feita, porém, cissura de algum desses. E esta natureza assim considerada é a que é predicada a todos os indivíduos.

Não pode ser dito, contudo, que a noção universal seja conveniente à natureza assim tomada: porque há unidade e comunidade quanto à noção universal, mas nem uma nem outra convém à natureza humana segundo sua consideração absoluta. Com efeito, se houvesse comunidade quanto à intelecção de homem, então, em

intellectu hominis, tunc in quocumque inueniretur humanitas inueniretur communitas; et hoc falsum est, quia in Sorte non inuenitur communitas aliqua, sed quicquid est in eo est indiuiduatum. Similiter etiam non potest dici quod ratio generis uel speciei accidat nature humane secundum esse quod habet in indiuiduis, quia non inuenitur in indiuiduis natura humana secundum unitatem ut sit unum quid omnibus conueniens, quod ratio uniuersalis exigit. Relinquitur ergo quod ratio speciei accidat nature humane secundum illud esse quod habet in intellectu.

Ipsa enim natura humana in intellectu habet esse abstractum ab omnibus indiuiduantibus; et ideo habet rationem uniformem ad omnia indiuidua que sunt extra animam, prout equaliter est similitudo omnium et ducens in omnium cognitionem in quantum sunt homines. Et ex hoc quod talem relationem habet ad omnia indiuidua, intellectus adinuenit rationem speciei et attribuit sibi; unde dicit Commentator in principio De anima quod « intellectus est qui agit in rebus uniuersalitatem »; hoc etiam Auicenna dicit in sua Methaphisica. Et quamuis hec natura intellecta habeat rationem uniuersalis secundum quod comparatur ad res extra animam, quia est una similitudo omnium, tamen secundum quod habet esse

qualquer um que se encontrasse a humanidade, seria encontrada a comunidade – e isto é falso, porque não é encontrada nenhuma comunidade em Sócrates, mas tudo que há nele é individuado. De modo semelhante, não pode ser dito, ademais, que ocorra a noção de gênero ou de espécie para a natureza humana segundo o ser que tem nos indivíduos, porque a natureza humana não é encontrada nos indivíduos segundo a unidade, de modo que seja uno o 'o que' conveniente a todos que a noção universal exige. Resta, portanto, que ocorra a noção de espécie para a natureza humana segundo aquele ser que tem no intelecto.

Com efeito, a natureza humana tem, ela mesma, um ser no intelecto abstraído de tudo o que é individualizante e tem, desse modo, uma noção uniforme para todos os indivíduos que são exteriores à alma, enquanto é igualmente semelhança de todos e aquela que conduz ao conhecimento de todos "enquanto são homens": e de que tenha tal relação com todos os indivíduos, o intelecto encontra e atribui a ela a noção de espécie, donde, no princípio do *Sobre a alma*, o Comentador diz que "é o intelecto que põe em ato a universalidade nas coisas".[28] Também Avicena diz isso em sua *Metafísica*.[29] E por mais que, porque é uma similitude de tudo, essa natureza inteligida tenha a noção de universal segundo o que é comparada à coisa exterior à alma, no entanto, segundo

28 AVERRÓIS, *De anima* I, comm. 8 (p. 12, lin. 25).

29 AVICENA, *Metaph.* V, cap. 2 (fol. 87 v).

in hoc intellectu uel in illo est quedam species intellecta particularis. Et ideo patet defectus Commentatoris in III De anima, qui uoluit ex uniuersalitate forme intellecte unitatem intellectus in omnibus hominibus concludere; quia non est uniuersalitas illius forme secundum hoc esse quod habet in intellectu, sed secundum quod refertur ad res ut similitudo rerum; sicut etiam si esset una statua corporalis representans multos homines, constat quod illa ymago uel species statue haberet esse singulare et proprium secundum quod esset in hac materia, sed haberet rationem communitatis secundum quod esset commune representatiuum plurium.

Et quia nature humane secundum suam absolutam considerationem conuenit quod predicetur de Sorte, et ratio speciei non conuenit sibi secundum suam absolutam considerationem sed est de accidentibus que consequntur eam secundum esse quod habet in intellectu, ideo nomen speciei non predicatur de Sorte ut dicatur Sortes est species: quod de necessitate accideret si ratio speciei conueniret homini secundum esse quod habet in Sorte, uel secundum suam considerationem absolutam, scilicet in quantum est homo; quicquid enim conuenit homini in quantum est homo predicatur de Sorte.

o que tem ser neste ou naquele intelecto é certa espécie inteligida particular e é patente, desse modo, a falha do Comentador em *Sobre a alma* III,[30] o qual quis concluir a unidade do intelecto em todos os homens a partir da universalidade da forma inteligida, porque a universalidade daquela forma não é dada segundo este ser que tem no intelecto, mas segundo o que se refere à coisa enquanto similitude das coisas, tal como consta, ademais, que, se houvesse uma estátua corporal que representa muitos homens, essa imagem ou espécie "estátua" teria ser singular e próprio segundo o que haveria de ser nesta matéria, mas teria a noção de comunidade segundo o que haveria de ser o comum representativo de muitos.

E porque convém à natureza humana, segundo sua consideração absoluta, que seja predicada a Sócrates e a noção de espécie não lhe convém segundo sua consideração absoluta, mas é dada quanto aos acidentes que se seguem conjuntamente a ela segundo o ser que tem no intelecto, o nome "espécie" não é, então, predicado a Sócrates para que se diga "Sócrates é espécie", o que ocorreria necessariamente se a noção de espécie fosse conveniente a homem segundo o ser que tem em Sócrates ou segundo a sua consideração absoluta, a saber, "enquanto é homem": com efeito, tudo que convém a homem "enquanto é homem" é predicado a Sócrates.

30 AVERRÓIS, *De anima* III, comm. 5 (sobretudo nas p. 399-413).

Et tamen predicari conuenit generi per se, cum in eius diffinitione ponatur. Predicatio enim est quiddam quod completur per actionem intellectus componentis et diuidentis, habens fundamentum in re ipsa unitatem eorum quorum unum de altero dicitur. Vnde ratio predicabilitatis potest claudi in ratione huius intentionis que est genus, que similiter per actum intellectus completur. Nichilominus tamen id cui intellectus intentionem predicabilitatis attribuit, componens illud cum altero, non est ipsa intentio generis, sed potius illud cui intellectus intentionem generis attribuit, sicut quod significatur hoc nomine animal.

Sic ergo patet qualiter essentia uel natura se habet ad rationem speciei, quia ratio speciei non est de hiis que conueniunt ei secundum absolutam suam considerationem, neque est de accidentibus que consequntur ipsam secundum esse quod habet extra animam, ut albedo et nigredo; sed est de accidentibus que consequntur eam secundum esse quod habet in intellectu. Et per hunc modum conuenit etiam sibi ratio generis uel differentie.

E, no entanto, dado que seja colocado em sua definição,[31] convém por si ao gênero o ser predicado: a predicação é algo que é completado pela ação do intelecto que compõe e que divide, a unidade daqueles dos quais um é dito a respeito do outro tendo fundamento na própria coisa. Donde a noção de predicabilidade pode ser encerrada na noção daquela intenção que é "gênero", que, de modo semelhante, é completada pelo ato do intelecto. Ainda assim, aquilo a que o intelecto atribui a intenção de predicabilidade ao compô-lo com outro não é a própria intenção "gênero", mas, mais propriamente, aquilo a que o intelecto atribui a intenção "gênero", tal como o que é significado pelo nome "animal".

Desse modo, então, fica patente como, qualitativamente, a essência ou natureza está para a noção de espécie, porque a noção de espécie não abarca aqueles que convêm a ela segundo sua consideração absoluta, nem abarca acidentes como a brancura e a negrura, que a seguem conjuntamente segundo o ser que tem exteriormente à alma, mas abarca os acidentes que a seguem conjuntamente segundo o ser que tem no intelecto. E a noção de gênero (ou a de diferença) também convém deste modo a ela.

---

31 ARISTOTELES LATINUS, *Topica*. Translatio Boethii, Fragmentum Recensionis Alterius, et Translatio Anonyma. V. I-3. Leiden: Brill, 1969, I, cap. 5, 102a 31-32: "Genus autem est quod de pluribus et differentibus specie in eo quod quid est praedicatur" – "Ora, o gênero é o que é predicado a muitos e diferentes em espécie quanto àquilo que é". Também: BOÉCIO, *In Isagogen Porphyrii Commenta*. Corpus Scriptorum Ecclesiasticorum Latinorum, vol. 48. Vindobonae: F. Tempsky/ Lipsiae: G. Freytag, 1906, II, cap. 4, p. 181, l. 14-15 (N. do T.).

CAPITVLVM IV

Nunc restat uidere per quem modum sit essentia in substantiis separatis, scilicet in anima, intelligentia et causa prima. Quamuis autem simplicitatem cause prime omnes concedant, tamen compositionem forme et materie quidam nituntur inducere in intelligentias et in animam; cuius positionis auctor uidetur fuisse Auicebron, auctor* libri Fontis uite. Hoc autem dictis philosophorum communiter repugnat, quia eas substantias separatas a materia nominant et absque omni materia esse probant. Cuius demonstratio potissima est ex uirtute intelligendi que in eis est. Videmus enim formas non esse intelligibiles in actu nisi secundum quod separantur a materia et a conditionibus eius, nec efficiuntur intelligibiles in actu nisi per uirtutem substantie intelligentis, secundum quod recipiuntur in ea et secundum quod aguntur per eam. Vnde oportet quod in qualibet substantia intelligente sit omnino immunitas a materia, ita quod neque habeat materiam partem sui, neque etiam sit sicut forma impressa in materia ut est de formis materialibus.

4º Capítulo

[DE QUE MODO HÁ ESSÊNCIA NAS SUBSTÂNCIAS SEPARADAS]

Agora resta ver de que modo há essência nas substâncias separadas, a saber, na alma, na inteligência e na primeira causa. Ora, por mais que todos concedam a simplicidade da primeira causa, no entanto, alguns buscam introduzir a composição de forma e matéria nas inteligências e na alma, posição da qual vê-se que Avicebron, autor do livro *Fonte da vida*,[32] teria sido o autor. Ora, isso se opõe ao que geralmente dizem os filósofos: porque nomeiam tais substâncias de "separadas da matéria" e provam que elas são afastadas de toda matéria. Do que, a partir da capacidade intelectiva que há nelas, a demonstração é maximamente forçosa, pois vemos que as formas não são inteligíveis em ato a não ser segundo o que são separadas da matéria e de suas condições; e não são feitas inteligíveis em ato se não pela capacidade da substância inteligente, segundo o que são recebidas nela e segundo o que são postas em ato por ela; donde ser preciso que haja total imunidade da matéria em qualquer substância inteligente, de modo que nem a matéria tome parte dela nem seja também como a forma impressa na matéria, como se dá com as formas materiais.

---

32 Cf. Cl. BAEUMKER, *Avencebrolis (Ibn Gebirol) Fons vitae ex arabico in latinum translatus*, Monasterii 1895; sobretudo no tr. IV *De inquisitione scientie materie et forme in substantiis simplicibus* – "Ao qual muitos seguem", diz Tomás em *Super Sent.* II d. 3 q. 1 a. 1.

Nec potest aliquis dicere quod intelligibilitatem non impediat materia quelibet, sed materia corporalis tantum. Si enim hoc esset ratione materie corporalis tantum, cum materia non dicatur corporalis nisi secundum quod stat sub forma corporali, tunc oporteret quod hoc haberet materia, scilicet impedire intelligibilitatem, a forma corporali; et, hoc non potest esse, quia ipsa etiam forma corporalis actu intelligibilis est sicut et alie forme, secundum quod a materia abstrahitur. Vnde in anima uel in intelligentia nullo modo est compositio ex materia et forma, ut hoc modo accipiatur essentia in eis sicut in substantiis corporalibus. Sed est ibi compositio forme et esse; unde in commento none propositionis libri De causis dicitur quod intelligentia est habens formam et esse: et accipitur ibi forma pro ipsa quiditate uel natura simplici.

Et quomodo hoc sit planum est uidere. Quecumque enim ita se habent ad inuicem quod unum est causa esse alterius, illud quod habet rationem cause potest habere esse sine altero, sed non conuertitur. Talis autem inuenitur habitudo materie et forme quod forma dat esse materie, et ideo impossibile est esse materiam sine aliqua forma; tamen non est impossibile esse aliquam formam sine materia, forma enim in eo quod est forma non habet dependentiam ad materiam. Sed si inueniantur alique forme que non possunt esse nisi in

E ninguém pode dizer que não qualquer matéria impediria a inteligibilidade, mas unicamente a matéria corporal. Pois se isso se desse unicamente com a noção de matéria corporal, dado que a matéria não seria dita corporal senão segundo o que está sob a forma corporal, então seria preciso que a matéria tivesse isto: o impedir a inteligibilidade desde a forma corporal; e não pode ser isso, porque, segundo o que é abstraída da matéria, mesmo a própria forma corporal é inteligível em ato, assim como também as outras formas. Donde não há, de nenhum modo, composição a partir de matéria e forma na alma ou na inteligência, pois, deste modo, a essência seria tomada nelas assim como nas substâncias corporais. Mas há aí a composição de forma e ser. Donde está dito no comentário da nona proposição do livro *As causas* que a inteligência é aquilo que tem forma e ser:[33] e aí a forma é tomada pela própria quididade ou natureza do simples.

E é fácil ver de que modo há isso, pois sejam quais forem os que estão um para o outro de modo que um é causa de ser do outro, aquele que tem a noção de causa pode ter o ser sem o outro, mas não se dá o inverso. Ora, entre a matéria e a forma é encontrada tal disposição: a forma dá ser para a matéria e, por isso, é impossível haver matéria sem alguma forma, ainda que não seja impossível haver alguma forma sem matéria, pois a forma, naquilo que é forma, não tem dependência em relação à matéria. Mas se fossem encontradas algumas formas

33 *De causis*, prop. 9 comm.: "E a inteligência é aquilo que tem *yliatim*, visto que é ser e forma" (ed. H.-D. Saffrey, p. 57 b; ed. A. Pattin, §90).

materia, hoc accidit eis secundum quod sunt distantes a primo principio quod est actus primus et purus. Vnde ille forme que sunt propinquissime primo principio sunt forme per se sine materia subsistentes, non enim forma secundum totum genus suum materia indiget, ut dictum est; et huiusmodi forme sunt intelligentie, et ideo non oportet ut essentie uel quiditates harum substantiarum sint aliud quam ipsa forma.

In hoc ergo differt essentia substantie composite et substantie simplicis, quod essentia substantie composite non est tantum forma sed complectitur formam et materiam, essentia autem substantie simplicis est forma tantum. Et ex hoc causantur alie due differentie. Vna est quod essentia substantie composite potest significari ut totum uel ut pars, quod accidit propter materie designationem, ut dictum est. Et ideo non quolibet modo predicatur essentia rei composite de ipsa re composita : non enim potest dici quod homo sit quiditas sua. Sed essentia rei simplicis que est sua forma non potest significari nisi ut totum, cum nichil sit ibi preter formam quasi formam recipiens; et ideo quocumque modo sumatur essentia substantie simplicis, de ea predicatur. Vnde Auicenna dicit quod « quiditas simplicis est ipsummet simplex », quia non est aliquid aliud recipiens ipsam. Secunda differentia est quia essentie rerum compositarum ex eo

que não podem ser senão na matéria, isso ocorre para elas segundo o que estão distantes do primeiro princípio que é o ato primeiro e puro. Donde aquelas formas que estão maximamente próximas do primeiro princípio são, por si, formas subsistentes sem a matéria, pois, como foi dito, a forma não carece da matéria segundo todo seu gênero. E as inteligências são formas desse modo. E, assim, não é preciso que as essências ou quididades dessas substâncias sejam algo que não a própria forma.

Portanto, a essência da substância composta e a da substância simples diferem nisto: a essência da substância composta não é unicamente forma, mas abarca forma e matéria. Ora, a essência da substância simples é unicamente forma. E a partir disso outras duas diferenças são causadas. Uma é que a essência da substância composta pode ser significada como todo ou como parte, o que ocorre em razão da designação da matéria, como foi dito. E, assim, a essência da coisa composta não é predicada de qualquer modo à própria coisa composta, com efeito, não pode ser dito "o homem é sua quididade". Mas a essência da coisa simples, a qual é sua forma, não pode ser significada senão como todo, posto que nada haja ali além da forma como se aquilo que recebe a forma. E, assim, de qualquer modo que for tomada, a essência da substância simples é predicada a ela. Donde Avicena disse que "a quididade do simples é o próprio simples",[34] porque não é senão aquilo que a recebe. Há uma segunda diferença

34 AVICENA, *Metaph.* V, cap. 5 (fol. 90 ra F).

quod recipiuntur in materia designata multiplicantur secundum diuisionem eius, unde contingit quod aliqua sunt idem specie et diuersa numero. Sed cum essentia simplicis non sit recepta in materia, non potest ibi esse talis multiplicatio; et ideo oportet ut non inueniantur in illis substantiis plura indiuidua eiusdem speciei, sed quot sunt ibi indiuidua tot sunt ibi species, ut Auicenna expresse dicit.

Huiusmodi ergo substantie, quamuis sint forme tantum sine materia, non tamen in eis est omnimoda simplicitas nec sunt actus purus, sed habent permixtionem potentie; et hoc sic patet. Quicquid enim non est de intellectu essentie uel quiditatis, hoc est adueniens extra et faciens compositionem cum essentia, quia nulla essentia sine hiis que sunt partes essentie intelligi potest. Omnis autem essentia uel quiditas potest intelligi sine hoc quod aliquid intelligatur de esse suo: possum enim intelligere quid est homo uel fenix et tamen ignorare an esse habeat in rerum natura; ergo patet quod esse est aliud ab essentia uel quiditate.

porque, dado que são recebidas na matéria designada, as essências das coisas compostas são multiplicadas segundo a divisão dela, donde ocorre que algumas são as mesmas especificamente e diversas numericamente. Mas, posto que a essência do simples não seja recebida na matéria, ali não pode haver tal multiplicação. E, assim, é preciso que não sejam encontrados naquelas substâncias vários indivíduos da mesma espécie, mas, ali, tantos são os indivíduos quantas são, ali, as espécies, como expressamente disse Avicena.[35]

Portanto, por mais que as substâncias desse modo sejam unicamente formas sem matéria, não há nelas, porém, simplicidade completa nem são ato puro, mas têm a mistura de potência. Isso é patente assim: tudo que não é relativo à intelecção da essência ou quididade advém de fora e faz composição com a essência,[36] porque nenhuma essência pode ser inteligida sem aqueles que são partes da essência. Ora, toda essência, ou quididade, pode ser inteligida sem que algo seja inteligido sobre seu ser: posso inteligir o que é o homem (ou a fênix) e, no entanto, ignorar se acaso tem ser na natureza das coisas; portanto, é

35 AVICENA, *Metaph.* V, cap. 2 (fol. 87 va A).

36 Cf. GILSON, E., 2010. *Le thomisme* : introduction à la philosophie de saint Thomas d'Aquin. 6ª edição revista. 8ª tiragem. Paris: Vrin, p. 180, n. 61: "A expressão *hoc est adveniens extra* não significa aqui que o existir [*esse*] se acrescenta à essência de fora, como um acidente faria, mas que vem a esta de uma causa eficiente que transcende a essência, donde exterior a ela, a qual é Deus [cf., abaixo, "Mas não pode acontecer que o próprio ser seja causado desde a própria forma ou quididade da coisa (...) e este é a primeira causa, que é Deus"]. O *esse* causado por Deus na essência é aquilo que nela há de mais íntimo, pois, mesmo vindo de fora, ele a constitui desde o interior" (N. do T.).

Nisi forte sit aliqua res cuius quiditas sit ipsum suum esse, et hec res non potest esse nisi una et prima: quia impossibile est ut fiat plurificatio alicuius nisi per additionem alicuius differentie, sicut multiplicatur natura generis in species; uel per hoc quod forma recipitur in diuersis materiis, sicut multiplicatur natura speciei in diuersis indiuiduis; uel per hoc quod unum est absolutum et aliud in aliquo receptum, sicut si esset quidam calor separatus esset alius a calore non separata ex ipsa sua separatione. Si autem ponatur aliqua res que sit esse tantum ita ut ipsum esse sit subsistens, hoc esse non recipiet additionem differentie, quia iam non esset esse tantum sed esse et preter hoc forma aliqua; et multo minus reciperet additionem materie, quia iam esset esse non subsistens sed materiale. Vnde relinquitur quod talis res que sit suum esse non potest esse nisi una; unde oportet quod in qualibet alia re preter eam aliud sit esse suum et aliud quiditas uel natura seu forma sua; unde

patente que o ser é algo que não a essência ou quididade. A não ser, talvez, que haja alguma coisa da qual a quididade seja seu próprio ser: e essa coisa não pode ser senão uma e primeira, porque é impossível que a pluralização de algo seja feita a não ser que pela adição de alguma diferença – assim como a natureza do gênero é multiplicada em espécies –, ou pelo receber a forma em matérias diversas – assim como a natureza da espécie é multiplicada em diversos indivíduos –, ou por um ser absoluto e outro recebido em algo – assim como se houvesse certo calor separado, a partir de sua própria separação ele seria outro que os calores não separados. Ora, se for posta alguma coisa que seja unicamente ser de modo que o próprio ser seja subsistente, este ser não receberia a adição de diferença, porque, então, não seria unicamente ser, mas ser e alguma forma além disso; e muito menos receberia a adição de matéria, porque, então, não seria ser subsistente, mas material. Donde resta que tal coisa que é seu ser não pode ser senão uma, donde é preciso que em qualquer coisa além dela outro seja o seu ser e outra seja a sua quididade ou natureza ou sua forma;[37]

---

37 Cf. TOMÁS DE AQUINO, *Suma Contra os Gentios* II, cap. 54: "E, em razão disso, nelas (i.e., as substâncias intelectuais) há apenas uma única composição de ato e de potência, a saber, a que é a partir de *substância* e *ser*, a qual é dita por alguns a partir de *que é* e *ser*, ou a partir de *que é* e *pelo que é*. Ora, nas substâncias compostas a partir de matéria e forma há uma dupla composição de ato e de potência: certamente, a primeira, da própria substância, que é composta a partir de matéria e forma; a segunda, de fato, a partir da própria substância já composta e *ser*, que também pode ser dita a partir de *que é* e *ser*; ou a partir de *que é* e *pelo que é*." Etienne Gilson (2016. *O ser e a essência*. Tradução de C. E. Oliveira *et alii*. São Paulo: Paulus, p. 460 s.) propõe que essa passagem do *Ente e*

oportet quod in intelligentiis sit esse preter formam, et ideo dictum est quod intelligentia est forma et esse.

Omne autem quod conuenit alicui uel est causatum ex principiis nature sue, sicut risibile in homine; uel aduenit ab aliquo principio extrínseco, sicut lumen in aere ex influentia solis. Non autem potest esse quod ipsum esse sit causatum ab ipsa forma uel quiditate rei, dico sicut a causa efficiente, quia sic aliqua res esset sui ipsius causa et aliqua res se ipsam in esse produceret: quod est impossibile. Ergo oportet quod omnis talis res cuius esse est aliud quam natura sua habeat esse ab alio. Et quia omne quod est per aliud reducitur ad id quod est

donde é preciso, nas inteligências, haver, além da forma, o ser: e por isso foi dito que a inteligência é forma e ser.

Ora, tudo o que convém a algo ou é causado a partir dos princípios de sua natureza – assim como, no homem, o ser capaz de rir –, ou advém de algum princípio extrínseco – assim como, no ar, a luz a partir da influência do Sol. Mas não pode acontecer que o próprio ser seja causado desde a própria forma ou quididade da coisa: digo, assim como desde a causa eficiente, porque, assim, alguma coisa seria causa de si mesma e alguma coisa produziria a si mesma no ser, o que é impossível. Portanto, é preciso que toda coisa assim, cujo ser é outro que sua natureza, tenha o ser desde outro. E porque tudo que é por outro é

---

a essência seja entendida do seguinte modo: "Esse texto, inspirado em Avicena, é perfeitamente claro, e pretende certamente demonstrar a distinção de essência e ser no composto. Aristóteles, aliás, já havia feito notar que o conceito de homem existente nada acrescenta ao de homem, existente ou não: é do mesmo homem que se trata. [...] O que Tomás de Aquino sustenta, e bem poucos com ele, é que, na substância atualmente existente, posta na realidade por sua causa, o ser é acrescentado ao composto de forma e matéria para dele fazer um ente. Essa noção propriamente tomista de *esse*, ser, causa interna da substância real, que faz dela um *ens*, ente, e para isso compõe com a quididade, ou essência, pressupõe a presença, para o espírito, da noção primeira de ser enquanto tal, *ipsum esse, ipsum purum esse* (o próprio ser, o próprio puro ser). Muitos filósofos e teólogos da Idade Média recusaram essa noção e a composição do ser finito que dela resulta. Para a maior parte deles, dizer que um ser já produzido por sua causa eficiente é dotado de um ato de ser próprio que é acrescentado a tudo aquilo que ele é, e faz dele um ente, era fazê-lo existir duas vezes. João Duns Escoto, que conhecia profundamente Avicena, recusa absolutamente que, no ente finito, o ser seja outro que a essência: *simpliciter falsum est quod esse sit aliud ab essentia* (é simplesmente falso que o ser seja outro que a essência) (*Op. Ox.* IV, 13, 1, 38)" (N. do T.).

per se sicut ad causam primam, oportet quod sit aliqua res que sit causa essendi omnibus rebus eo quod ipsa est esse tantum; alias iretur in infinitum in causis, cum omnis res que non est esse tantum habeat causam sui esse, ut dictum est. Patet ergo quod intelligentia est forma et esse, et quod esse habet a primo ente quod est esse tantum, et hoc est causa prima que Deus est.

Omne autem quod recipit aliquid ab alio est in potentia respectu illius, et hoc quod receptum est in eo est actus eius; ergo oportet quod ipsa quiditas uel forma que est intelligentia sit in potentia respectu esse quod a Deo recipit, et illud esse receptum est per modum actus. Et ita inuenitur potentia et actus in intelligentiis, non tamen forma et materia nisi equiuoce. Vnde etiam pati, recipere, subiectum esse et omnia huiusmodi que uidentur rebus ratione materie conuenire, equiuoce conueniunt substantiis intellectualibus et substantiis corporalibus, ut in III De anima Commentator dicit. Et quia, ut dictum est, intelligentie quiditas est ipsamet intelligentia, ideo quiditas uel essentia eius est ipsum quod est ipsa, et esse suum receptum a Deo est id quo subsistit in rerum natura; et propter hoc a quibusdam

reduzido àquilo que é por si tal como à primeira causa, é preciso haver alguma coisa a qual é causa de ser para todas as coisas visto que ela é unicamente ser. De outro modo, ir-se-ia ao infinito nas causas, posto que toda coisa que não é unicamente ser tenha o ser como causa de si, como foi dito. Portanto, é patente que a inteligência é forma e ser e que tem o ser desde o ente primeiro, que é unicamente ser: e este é a primeira causa, que é Deus.

Ora, tudo o que recebe algo desde outro está em potência a respeito daquele e o que é recebido nele é seu ato; portanto, é preciso que a própria quididade ou forma, a qual é inteligência, esteja em potência a respeito do ser que recebe de Deus, e esse ser é recebido a modo de ato. E assim a potência e o ato são encontrados nas inteligências, ainda que não a forma e a matéria senão por equivocidade. Donde, também, o sofrer, o receber, o ser sujeito, e todos os que são assim, os quais se vê que são convenientes às coisas em razão da matéria, convêm por equivocidade às substâncias intelectuais e às substâncias corpóreas, como disse o Comentador em *A alma* III.[38] E, como foi dito, porque a quididade da inteligência é a própria inteligência, a quididade ou essência dela é o mesmo que ela é. E seu ser, recebido de Deus, é aquilo pelo que subsiste na natureza das coisas. E, em razão disso, as substâncias que

38 AVERRÓIS, *De anima* III, comm. 14 (p. 429, lin. 23-28): "E, ainda, o próprio estar em potência mencionado, o é de um modo diverso do daqueles segundo os quais se diz que as coisas materiais estão em potência. E é isso o que dissemos antes: que há de se saber aqui que os nomes 'potência', 'recepção' e 'perfeição' são ditos de modo equívoco junto àqueles nas coisas materiais".

dicuntur huiusmodi substantie componi ex quo est et quod est, uel ex quod est et esse, ut Boetius dicit.

Et quia in intelligentiis ponitur potentia et actus, non erit difficile inuenire multitudinem intelligentiarum, quod esset impossibile si nulla potentia in eis esset. Vnde Commentator dicit in III De anima quod si natura intellectus possibilis esset ignota, non possemus

são assim são ditas por alguns[39] serem compostas a partir de "pelo que é" e de "que é", ou, como diz Boécio, a partir de "que é" e de "ser".[40]

E, porque se põe nas inteligências a potência e o ato, não será difícil encontrar a multiplicidade das inteligências, o que seria impossível se não houvesse nelas nenhuma potência. Donde o Comentador disse em *A alma* III[41] que, se a natureza do intelecto possível fosse

---

39 Cf. ALEXANDRE DE HALES, *Glosa in librum II Sent.* d. 3 n. 7 (ed. Quaracchi, 1952, p. 27-28); ALBERTO MAGNO, *Super Sent.* II d. 3 a. 2: "Partes que os nossos doutores chamam 'o que é' e 'pelo que é', e que se vê Boécio chamar 'o que é' e 'ser'" (Borgnet 27, 48 a). {Na *Suma Contra os Gentios II*, cap. 54, lê-se: "Donde, nos compostos a partir de matéria e forma, nem a matéria nem a forma podem ser consideradas o próprio *que é*, nem ainda o próprio *ser*. No entanto, a forma pode ser dita o *pelo que é*, segundo o que é princípio do ser; mas a própria substância toda é o próprio *que é*; e o próprio *ser* é o aquilo pelo que a substância é denominada *ente*. Porém, nas substâncias intelectuais, que não são compostas a partir de matéria e forma, como se mostrou (cap. 50, 51), pois nelas a própria forma é a substância subsistente, a forma é o *que é*, mas o próprio *ser* é o ato e o *pelo que é*". Consequentemente, segundo esse texto, o "*que é*" (*quod est*) sempre se refere à substância, mas o "*pelo que é*" (*quo est*), nas substâncias compostas, pode se referir à forma "segundo o que é princípio do ser" enquanto, nas substâncias intelectuais (separadas), refere-se, antes, ao próprio *ser*. Além disso, nas substâncias separadas, a substância (ou seja, o "*que é*") é, por sua vez, o mesmo que a essência: "pois nelas a própria forma é a substância subsistente" (N. do T.)}

40 Cf. BOÉCIO, *De hebdom.*: "Há diferença entre o ser e 'aquilo que é'... Para todo composto, um é o ser, outro, o próprio 'é'" (PL 64, 1311 B-C).

41 AVERRÓIS, *De anima* III comm. 5: "E a não ser que houvesse este gênero de entes que conhecemos na ciência da alma, não poderíamos entender a multiplicidade nas coisas abstratas, do mesmo modo, a não ser que conheçamos esta natureza do intelecto, não poderemos entender que as virtudes que movem abstratamente devem ser inteligências" (p. 410, lin. 667-672).

inuenire multitudinem in substantiis separatis. Est ergo distinctio earum ad inuicem secundum gradum potentie et actus, ita quod intelligentia superior que magis propinqua est primo habet plus de actu et minus de potentia, et sic de aliis.

Et hoc completur in anima humana, que tenet ultimum gradum in substantiis intellectualibus. Vnde intellectus possibilis eius se habet ad formas intelligibiles sicut materia prima, que tenet ultimum gradum in esse sensibili, ad formas sensibiles, ut Commentator in III De anima dicit; et ideo Philosophus comparat eam tabule in qua nichil est scriptum. Et propter hoc quod inter alias substantias intellectuales plus habet de potentia, ideo efficitur in tantum propinqua rebus materialibus ut res materialis trahatur ad participandum esse suum: ita scilicet quod ex anima et corpore resultat unum esse in uno composito, quamuis illud esse prout est anime non sit dependens a corpore. Et ideo post istam formam que est anima inueniuntur alie forme plus de potentia habentes et magis propinque materie, in tantum quod esse earum sine materia non est; in quibus esse inuenitur ordo et gradus usque ad primas formas elementorum, que sunt propinquissime materie: unde nec aliquam operationem habent nisi secundum exigentiam qualitatum actiuarum et passiuarum et aliarum quibus materia ad formam disponitur.

desconhecida, não poderíamos encontrar a multiplicidade nas substâncias separadas. Portanto, há a distinção delas entre si segundo o grau de potência e de ato, de modo que a inteligência superior, que está mais próxima do primeiro, tem mais quanto ao ato e menos quanto à potência: e assim quanto às outras.

E isso se completa na alma humana, que tem o último grau nas substâncias intelectuais. Donde o intelecto possível dela está para as formas inteligíveis assim como a matéria prima – que, no ser sensível, tem o último grau – para as formas sensíveis, como disse o Comentador em *A alma* III,[42] e por isso o Filósofo a compara à tábua na qual nada está escrito[43] E porque está mais para a potência entre as outras substâncias intelectuais, é feita tão próxima das coisas materiais que a coisa material é atraída a participar de seu ser, a saber, de modo que resulta *um* ser em *um* composto a partir de alma e corpo, por mais que esse ser, na medida em que é da alma, não seja dependente do corpo. E, assim, depois desta forma que é alma são encontradas outras formas que estão mais para a potência e tão mais próximas da matéria que não há ser delas sem a matéria, nas quais encontra-se a ordem e o grau do ser até às primeiras formas dos elementos, que são maximamente próximas da matéria. E, por isso, não têm qualquer operação senão segundo a exigência das qualidades ativas e passivas e das outras pelas quais a matéria está disposta para a forma.

---

42 AVERRÓIS, *De anima* III, comm. 5 (p. 387, lin. 27-32).

43 ARISTÓTELES, *De anima* III 3[9] (430 a 1).

CAPITVLVM V

Hiis igitur uisis, patet quomodo essentia in diuersis inuenitur. Inuenitur enim triplex modus habendi essentiam in substantiis. Aliquid enim est sicut Deus cuius essentia est ipsummet suum esse; et ideo inueniuntur aliqui philosophi dicentes quod Deus non habet quiditatem uel essentiam, quia essentia sua non est aliud quam esse eius. Et ex hoc sequitur quod ipse non sit in genere; quia omne quod est in genere oportet quod habeat quiditatem preter esse suum, cum quiditas uel natura generis aut speciei non distinguatur secundum rationem nature in illis quorum est genus uel species, sed esse est diuersum in diuersis.

Nec oportet, si dicimus quod Deus est esse tantum, ut in illorum errorem incidamus qui Deum dixerunt esse illud esse uniuersale quo quelibet res formaliter est. Hoc enim esse quod Deus est huiusmodi condicionis est ut nulla sibi additio fieri possit, unde per ipsam suam puritatem est esse distinctum ab omni esse; propter quod

5º Capítulo

[De que modo a essência é encontrada em diversos e como, qualitativamente, está para as intenções lógicas]

Vistos esses, é patente de que modo a essência é encontrada em diversos, pois é encontrado nas substâncias um tríplice modo de ter a essência. Com efeito, há algo como Deus, cuja essência é seu próprio ser. E são encontrados alguns filósofos[44] que dizem que Deus não tem quididade, ou essência, por isso: porque sua essência não é senão seu ser. E disso se segue que ele não está num gênero, porque é preciso que tudo que está num gênero tenha, além de seu ser, a quididade, posto que, naqueles dos quais há gênero (ou espécie), a quididade ou natureza do gênero (ou da espécie) não é distinguida segundo a noção de natureza, mas o ser é diverso nos diversos.

E se dissermos que Deus é unicamente ser, não é preciso que caiamos no erro daqueles que disseram que Deus é aquele ser universal pelo qual qualquer coisa é formalmente,[45] pois esse ser que é Deus é de tal condição: que nenhuma adição pode ser feita para ele. Donde é ser distinto de todo ser por sua própria pureza, em razão do que se diz

---

44 Sobretudo Avicena, por exemplo, na *Metaph.* VIII, cap. 4: "Tudo que tem quididade é causado, e, fora o ser necessário, todos os demais têm quididade... para os quais não se dá que [ele] seja senão algo extrínseco; portanto, o primeiro não tem quididade" (fol. 99 rb B).

45 Cf. TOMÁS DE AQUINO, *Suma de Teologia* I, q. 3, a. 8, *resp.*: "Diz-se que essa tenha sido a opinião dos seguidores de Amaury"; esses erros de Paris foram condenados no ano de 1210 (*Chartularium Univers. Paris.* I, p. 71).

in commento none propositionis libri De causis dicitur quod indiuiduatio prime cause, que est esse tantum, est per puram bonitatem eius. Esse autem commune sicut in intellectu suo non includit aliquam additionem, ita non includit in intellectu suo precisionem additionis; quia, si hoc esset, nichil posset intelligi esse in quo super esse aliquid adderetur.

Similiter etiam quamuis sit esse tantum, non oportet quod deficiant ei relique perfectiones et nobilitates. Immo habet omnes perfectiones que sunt in omnibus generibus, propter quod perfectum simpliciter dicitur, ut Philosophus et Commentator in V Methaphisice dicunt; sed habet eas modo excellentiori omnibus rebus, quia in eo unum sunt, sed in aliis diuersitatem habent. Et hoc est quia omnes ille perfectiones conueniunt sibi secundum esse suum simplex; sicut si aliquis per unam qualitatem posset efficere operationes omnium qualitatum, in illa una qualitate omnes qualitates haberet, ita Deus in ipso esse suo omnes perfectiones habet.

Secundo modo inuenitur essentia in substantiis creatis intellectualibus, in quibus est aliud esse quam essentia earum, quamuis essentia sit sine materia. Vnde esse earum non est absolutum sed receptum, et ideo limitatum et finitum ad capacitatem nature recipientis;

no comentário para a nona proposição do livro *As causas*[46] que há a individuação da primeira causa, que é unicamente ser, por sua bondade pura. O ser comum, porém, assim como não inclui alguma adição em sua intelecção, também não inclui em sua intelecção a cissura da adição, porque, se assim fosse, seria possível entender não haver nada em que algo viesse a ser supra acrescentado ao ser.

Ainda, de modo semelhante, por mais que seja unicamente ser, não é preciso que lhe faltem as demais perfeições e nobrezas. De fato, tem todas as perfeições que há em todos os gêneros, em razão do que é dito absolutamente perfeito, como o Filósofo e o Comentador dizem em *Metafísica* V,[47] mas as tem de modo mais excelente que todas as coisas porque, nele, são um, mas, nos outros, têm diversidade: e é por isso que todas aquelas perfeições convêm a ele segundo seu ser simples. Deus tem todas as perfeições em seu ser assim: tal como se alguém, por uma qualidade, pudesse fazer as operações de todas as qualidades, teria todas as qualidades naquela única qualidade.

Nas substâncias criadas intelectuais, nas quais o ser é algo diverso da essência delas por mais que a essência seja sem a matéria, a essência é encontrada de um segundo modo, donde o ser delas não é absoluto, mas recebido – e, por isso, limitado e finito à capacidade

---

46 "*Yliatim*, isto é, seu ser infinito, e sua individualidade é a pura bondade" (ed. Saffrey, p. 57; cf. ed. Pattin, § 91).

47 ARISTÓTELES, *Metaph.* V 18 (1021 b 30-33) traz: "são ditos perfeitos... de algum modo universal" (na árabo-latina), o que Averróis expõe no comentário 21: "E esta é a disposição do primeiro princípio, isto é, Deus" (fol. 62 ra 12).

sed natura uel quiditas earum est absoluta, non recepta in aliqua materia. Et ideo dicitur in libro De causis quod intelligentie sunt infinite inferius et finite superius; sunt enim finite quantum ad esse suum quod a superiori recipiunt, non tamen finiuntur inferius quia earum forme non limitantur ad capacitatem alicuius materie recipientis eas. Et ideo in talibus substantiis non inuenitur multitudo indiuiduorum in una specie, ut dictum est, nisi in anima humana propter corpus cui unitur. Et licet indiuiduatio eius ex corpore occasionaliter dependeat quantum ad sui inchoationem, quia non acquiritur sibi esse indiuiduatum nisi in corpore cuius est actus: non tamen oportet ut subtracto corpore indiuiduatio pereat, quia cum habeat esse absolutum ex quo acquisitum est sibi esse indiuiduatum ex hoc quod facta est forma huius corporis, illud esse semper remanet indiuiduatum. Et ideo dicit Auicenna quod indiuiduatio animarum et multiplicatio pendet ex corpore quantum ad sui principium, sed non quantum ad sui finem.

da natureza que recebe –, mas a natureza ou quididade delas é absoluta, não recebida em alguma matéria. E por isso está dito no livro *As causas* que as inteligências são infinitas quanto ao inferior e finitas quanto ao superior:[48] são finitas quanto ao seu ser, que recebem do que é superior, ainda que não sejam feitas finitas quanto ao inferior porque as formas delas não se limitam à capacidade de alguma matéria que as receba, e por isso, como foi dito,[49] a multiplicidade de indivíduos em uma única espécie em tais substâncias não é encontrada senão na alma humana em razão do corpo ao qual está unida. E embora a individuação dela dependa ocasionalmente do corpo quanto à sua incoação, porque o ser individuado não é adquirido para ela senão no corpo do qual é ato, não é preciso, porém, que a individuação pereça subtraído o corpo, porque, posto que tenha o ser absoluto a partir do qual é adquirido para ela o ser individuado (dado que é feita forma *deste corpo*) aquele ser sempre permanece individuado. Eis por que Avicena disse que a individuação (e a multiplicação) das almas pende do corpo quanto a seu princípio, mas não quanto a seu fim.[50]

---

48 *De causis*, prop. 16 comm.: "E certamente a virtude daquela <inteligência> não é feita infinita senão quanto ao inferior, não ao superior" (ed. Saffrey, p. 92; ed. Pattin, §131).

49 *Supra*, cap. 4, p. 63: "Mas, posto que a essência do simples não seja recebida na matéria, ali não pode haver tal multiplicação. E, assim, é preciso que não sejam encontrados naquelas substâncias vários indivíduos da mesma espécie, mas, ali, tantos são os indivíduos quantas são, ali, as espécies, como expressamente disse Avicena".

50 AVICENA, *De anima* V, cap. 3: "Portanto, a singularidade das almas... começa a ser unicamente com o corpo... depois as almas são, sem dúvida, separadas

Et quia in istis substantiis quiditas non est idem quod esse, ideo sunt ordinabiles in predicamento; et propter hoc inuenitur in eis genus et species et differentia, quamuis earum differentie proprie nobis occulte sint. In rebus enim sensibilibus etiam ipse differentie essentiales ignote sunt; unde significantur per differentias accidentales que ex essentialibus oriuntur, sicut causa significatur per suum effectum: sicut bipes ponitur differentia hominis. Accidentia autem propria substantiarum immaterialium nobis ignota sunt, unde differentie earum nec per se nec per accidentales differentias a nobis significari possunt.

Hoc tamen sciendum est quod non eodem modo sumitur genus et differentia in illis substantiis et in substantiis sensibilibus, quia in substantiis sensibilibus genus sumitur ab eo quod est materiale in re, differentia uero ab eo quod est formale in ipsa; unde dicit Auicenna in principio libri sui De anima quod forma in rebus compositis ex materia et forma « est differentia simplex eius quod constituitur ex illa »: non autem ita quod ipsa forma sit differentia, sed quia est principium differentie, ut idem dicit in sua Methaphisica. Et dicitur talis

E porque a quididade não é o mesmo que o ser nessas substâncias, são ordenáveis quanto à categoria e, em razão disso, encontra-se nelas o gênero, a espécie e a diferença, por mais que as diferenças próprias delas sejam ocultas para nós: com efeito, as mesmas diferenças essenciais também são desconhecidas nas coisas sensíveis – donde são significadas pelas diferenças acidentais que surgem a partir das essenciais: assim como a causa é significada por seu efeito, assim como se sustenta "bípede" a diferença de homem. Ora, os acidentes próprios das substâncias imateriais nos são desconhecidos, donde as diferenças delas não podem ser significadas por nós nem por si nem pelas diferenças acidentais.

Há, porém, que se saber isto: não se toma do mesmo modo o gênero e a diferença nessas substâncias e nas substâncias sensíveis, porque o gênero é tomado nas substâncias sensíveis daquilo que é material na coisa, a diferença, porém, daquilo que é formal nela; donde, no princípio de seu livro *A alma*, Avicena disse que a forma, nas coisas compostas a partir de matéria e forma, "é a diferença simples daquilo que é constituído a partir dela":[51] não, porém, de modo que a própria forma seja a diferença, mas porque é o princípio da diferença, como ele diz em sua *Metafísica*.[52] E se diz que tal diferença

---

dos corpos" (ed. Van Riet, p. 107, lin. 75 e p. 109, lin. 96); cf. cap. 4: "Que a alma não deixa de ser" (p. 113-126).

51 AVICENA, *Deanima* I, cap. 1 (p. 19, lin. 25-26).

52 AVICENA, *Metaph.* V, cap. 6 (fol. 90 rb A); cf. *supra*, cap. 3, "Donde Avicena dizer que a racionalidade não é a diferença, mas o princípio da diferença...".

differentia esse differentia simplex quia sumitur ab eo quod est pars quiditatis rei, scilicet a forma. Cum autem substantie immateriales sint simplices quiditates, non potest in eis differentia sumi ab eo quod est pars quiditatis sed a tota quiditate; et ideo in principio De anima dicit Auicenna quod « differentiam simplicem non habent nisi species quarum essentie sunt composite ex materia et forma ».

Similiter etiam in eis ex tota essentia sumitur genus, modo tamen differenti. Vna enim substantia separata conuenit cum alia in immaterialitate, et differunt ab inuicem in gradu perfectionis secundum recessum a potentialitate et accessum ad actum purum. Et ideo ab eo quod consequitur illas in quantum sunt immateriales sumitur in eis genus, sicut est intellectualitas uel aliquid huiusmodi; ab eo autem quod consequitur in eis gradum perfectionis sumitur in eis differentia, nobis tamen ignota. Nec oportet has differentias esse accidentales quia sunt secundum maiorem et minorem perfectionem, que non diuersificant speciem; gradus enim perfectionis in recipiendo eandem formam non diuersificat speciem, sicut albius et minus album in participando eiusdem rationis albedinem: sed diuersus gradus perfectionis in ipsis formis uel naturis participatis speciem diuersificat, sicut natura procedit per gradus de plantis ad animalia

seja diferença "simples" porque é tomada a partir daquilo que é parte da quididade da coisa, a saber, a partir da forma. Posto, no entanto, que as substâncias imateriais sejam quididades simples, a diferença não pode ser tomada nelas a partir daquilo que é parte da quididade, mas a partir de toda a quididade – e por isso Avicena disse, no princípio do *A alma*, que "não têm diferença simples senão as espécies das quais as essências são compostas a partir de matéria e forma".[53]

De modo semelhante, também o gênero é tomado nelas a partir de toda a essência, ainda que de um modo diferente. Com efeito, uma substância separada convém com outra na imaterialidade e diferem entre si no grau de perfeição segundo o afastamento a partir da potencialidade e a proximidade quanto ao ato puro. E por isso o gênero é tomado nelas daquilo que se segue conjuntamente a elas enquanto são imateriais, assim como há a intelectualidade ou algo que tal; porém, de que nelas se segue conjuntamente um grau de perfeição, é tomada nelas a diferença, ainda que ignorada por nós. E não é preciso que essas diferenças sejam acidentais porque são segundo uma perfeição maior ou menor – as quais não diversificam a espécie: com efeito, o grau de perfeição não diversifica a espécie *no receber* a mesma forma, assim como o mais branco e o menos branco no participar da mesma noção de brancura, mas o grau diverso de perfeição diversifica a espécie *nas próprias formas ou naturezas participadas*, assim como a natureza avança

53 *De anima* I, cap. 1 (p. 19, lin. 22-24).

per quedam que sunt media inter animalia et plantas, secundum Philosophum in VII De animalibus. Nec iterum est necessarium ut diuisio intellectualium substantiarum sit semper per duas differentias ueras, quia hoc impossibile est in omnibus rebus accidere, ut Philosophus dicit in XI De animalibus.

Tertio modo inuenitur essentia in substantiis compositis ex materia et forma, in quibus et esse est receptum et finitum propter hoc quod ab alio esse habent, et iterum natura uel quiditas earum est recepta in materia signata. Et ideo sunt finite et superius et inferius; et in eis iam propter diuisionem signate materie possibilis est multiplicatio indiuiduorum in una specie. Et in hiis qualiter se habeat essentia ad intentiones logicas dictum est supra.

por graus, das plantas aos animais, por alguns que são intermediários entre os animais e as plantas, segundo o Filósofo em *Os animais* VII.[54] Também não é necessário haver a divisão das substâncias intelectuais sempre em duas diferenças verdadeiras, porque é impossível que isso aconteça em todas as coisas, como o Filósofo disse em *Os animais* XI.[55]

A essência é encontrada de um terceiro modo nas substâncias a partir de matéria e forma, nas quais o ser tanto é recebido como finito em razão de que têm o ser a partir de outro. E a natureza ou quididade delas também é recebida na matéria assinalada – e por isso são finitas tanto quanto ao superior como quanto ao inferior –, e, então, a multiplicação dos indivíduos numa espécie é possível nelas em razão da divisão da matéria assinalada. E acima[56] foi dito como, qualitativamente, a essência está para as intenções lógicas.

---

54 ARISTÓTELES, *De hist.. animal.* VIII, cap. 1 (588 b 4-12) na tradução de Escoto, *De animal.* VII: "A natureza é graduada aos poucos, do não animado aos animais" (ms. Vat. Chigi E. VIII. 251, fol. 28 ra).

55 *De part. animal.* I, cap. 2 (642 b 5-7); na tradução de Escoto, *De animal.* XI.

56 No 3º capítulo.

CAPITVLVM VI

Nunc restat uidere quomodo sit essentia in accidentibus; qualiter enim sit in omnibus substantiis dictum est. Et quia, ut dictum est, essentia est id quod per diffinitionem significatur, oportet ut eo modo habeant essentiam quo habent diffinitionem. Diffinitionem autem habent incompletam, quia non possunt diffiniri nisi ponatur subiectum in eorum diffinitione; et hoc ideo est quia non habent esse per se absolutum a subiecto, sed sicut ex forma et materia relinquitur esse substantiale quando componuntur, ita ex accidente et subiecto relinquitur esse accidentale quando accidens subiecto aduenit. Et ideo etiam nec forma substantialis completam essentiam habet nec materia, quia etiam in diffinitione forme substantialis oportet quod ponatur illud cuius est forma, et ita diffinitio eius est per additionem alicuius quod est extra genus eius sicut et diffinitio forme accidentalis; unde et in diffinitione anime ponitur corpus a naturali qui considerat animam solum in quantum est forma phisici corporis.

6º Capítulo
[DE QUE MODO HÁ ESSÊNCIA NOS ACIDENTES]

Resta ver agora de que modo há essência nos acidentes, pois já se disse[57] como, qualitativamente, há em todas as substâncias. E porque, como foi dito, a essência é "aquilo que é significado pela definição", é preciso que tenham essência do modo pelo qual têm definição. Ora, têm uma definição incompleta, porque não podem ser definidos a não ser que se ponha um sujeito na definição deles, e isso pelo seguinte: porque, por si, não têm a partir do sujeito um ser absoluto, mas, assim como resulta o ser substancial quando há compostos a partir de forma e matéria, resulta o ser acidental quando o acidente advém ao sujeito a partir de acidente e de sujeito. Também por isso nem a forma substancial nem a matéria têm essência completa, porque é preciso que aquilo de que é forma seja posto também na definição da forma substancial; e, desse modo, há definição dela pela adição de algo que é exterior ao gênero dela, tal como também a definição da forma acidental; donde o natural,[58] que unicamente considera a alma enquanto é a forma do corpo físico, também põe o corpo na definição de alma.[59]

57 Nos capítulos 2-5, 3 e 5 especialmente (N. do T.).

58 A saber, o "filósofo natural", estudioso da *Física* (N. do T.).

59 A saber, que é lida em ARISTÓTELES, *De anima* II 1 (412 b 5).

Sed tamen inter formas substantiales et accidentales tantum interest quia, sicut forma substantialis non habet per se esse absolutum sine eo cui aduenit, ita nec illud cui aduenit, scilicet materia; et ideo ex coniunctione utriusque relinquitur illud esse in quo res per se subsistit, et ex eis efficitur unum per se: propter quod ex coniunctione eorum relinquitur essentia quedam. Vnde forma, quamuis in se considerata non habeat completam rationem essentie, tamen est pars essentie complete. Sed illud cui aduenit accidens est ens in se completum subsistens in suo esse, quod quidem esse naturaliter precedit accidens quod superuenit. Et ideo accidens superueniens ex coniunctione sui cum eo cui aduenit non causat illud esse in quo res subsistit, per quod res est ens per se; sed causat quoddam esse secundum sine quo res subsistens intelligi potest esse, sicut primum potest intelligi sine secundo. Vnde ex accidente et subiecto non efficitur unum per se sed unum per accidens. Et ideo ex eorum coniunctione non resultat essentia quedam sicut ex coniunctione forme ad materiam; propter quod accidens neque rationem complete essentie habet neque pars complete essentie est, sed sicut est ens secundum quid, ita et essentiam secundum quid habet.

Sed quia illud quod dicitur maxime et uerissime in quolibet genere est causa eorum que sunt post in illo genere, sicut ignis qui est in fine caliditatis est causa caloris in rebus calidis, ut in II Methaphisice

Mas há, porém, muita diferença entre formas substanciais e acidentais. Porque, assim como a forma substancial, por si, não tem o ser absoluto sem aquilo a que advém, assim também nem aquilo a que advém, a saber, a matéria. E, por isso, aquele ser no qual a coisa subsiste por si resulta da conjunção de uma e outra e é feito a partir delas um por si, razão pela qual resulta certa essência da conjunção delas. Donde, ainda que seja parte da essência completa, a forma não tem a noção completa de essência por mais que considerada em si. Mas aquilo a que o acidente advém é, em si, o ente completo subsistente em seu ser, ser que certamente precede naturalmente o acidente que sobrevém. E por isso o acidente sobreveniente a partir da conjunção de si com aquilo a que advém não causa aquele ser no qual a coisa subsiste, pelo que a coisa é ente por si, mas causa certo ser segundo, sem o qual a coisa subsistente pode ser inteligida ser, assim como o primeiro pode ser inteligido sem o segundo. Donde, a partir de acidente e de sujeito, não é feito o uno por si, mas o uno por acidente; e, assim, em razão de que o acidente nem tem a noção de essência completa nem é parte da essência completa, a partir da conjunção deles não resulta uma essência tal como a partir da conjunção da forma com a matéria, mas assim como é ente segundo o 'o que', assim também tem a essência segundo o 'o que'.

Mas porque aquilo que é dito maximamente e verdadeirissimamente em qualquer gênero é causa daqueles que são depois naquele gênero tal como o fogo que está no fim da quentura é causa de calor nas coisas quentes,

dicitur: ideo substantia que est primum in genere entis, uerissime et maxime essentiam habens, oportet quod sit causa accidentium que secundario et quasi secundum quid rationem entis participant. Quod tamen diuersimode contingit. Quia enim partes substantie sunt materia et forma, ideo quedam accidentia principaliter consequntur formam et quedam materiam. Forma autem inuenitur aliqua cuius esse non dependet ad materiam, ut anima intellectualis; materia uero non habet esse nisi per formam. Vnde in accidentibus que consequntur formam est aliquid quod non habet communicationem cum materia, sicut est intelligere, quod non est per organum corporale, sicut probat Philosophus in III De anima; aliqua uero ex consequentibus formam sunt que habent communicationem cum materia, sicut sentire. Sed nullum accidens consequitur materiam sine communicatione forme.

In hiis tamen accidentibus que materiam consequntur inuenitur quedam diuersitas. Quedam enim accidentia consequuntur materiam secundum ordinem quem habet ad formam specialem, sicut masculinum et femininum in animalibus, quorum diuersitas ad materiam reducitur, ut dicitur in X Methaphisice; unde

como se diz em *Metafísica* II,[60] então, ao ter verdadeirissimamente e maximamente essência, é preciso que a substância, a qual é o primeiro no gênero do ente, seja causa dos acidentes que participam da noção de ente secundariamente e como se segundo o 'o que', o que, porém, acontece de modos diversos. Com efeito, porque as partes da substância são a matéria e a forma, então, alguns acidentes se seguem conjuntamente principalmente à forma e, outros, à matéria. Encontra-se, porém, alguma forma cujo ser não depende da matéria, como a alma intelectual – de fato, a matéria não tem ser senão pela forma –, donde, nos acidentes que se seguem conjuntamente à forma, há algo que não tem comunicação com a matéria assim como há o inteligir que não se dá por órgão corporal, como o Filósofo prova em *A alma* III.[61] De fato, a partir daqueles que se seguem conjuntamente à forma, há outros que têm comunicação com a matéria, tal como o sentir, mas nenhum acidente se segue conjuntamente à matéria sem a comunicação da forma.

No entanto, é encontrada certa diversidade nesses acidentes que se seguem conjuntamente à matéria. Com efeito, alguns acidentes se seguem conjuntamente à matéria segundo a ordem que há para a forma especial, assim como o masculino e o feminino nos animais, dos quais a diversidade está reduzida à matéria, como

---

60 *Metaph.* II 2 (993 b 24).

61 *De anima* III 1 [7] (429 a 18-b 5).

remota forma animalis dicta accidentia non remanent nisi equiuoce. Quedam uero consequntur materiam secundum ordinem quem habet ad formam generalem; et ideo remota forma speciali adhuc in ea remanent, sicut nigredo cutis est in ethiope ex mixtione elementorum et non ex ratione anime, et ideo post mortem in eo manet.

Et quia unaqueque res indiuiduatur ex materia et collocatur in genere uel specie per suam formam, ideo accidentia que consequntur materiam sunt accidentia indiuidui, secundum que indiuidua etiam eiusdem speciei ad inuicem differunt; accidentia uero que consequntur formam sunt proprie passiones uel generis uel speciei, unde inueniuntur in omnibus participantibus naturam generis uel speciei, sicut risibile consequitur in homine formam, quia risus contingit ex aliqua apprehensione anime hominis.

Sciendum etiam est quod accidentia aliquando ex principiis essentialibus causantur secundum actum perfectum, sicut calor in igne qui semper est calidus; aliquando uero secundum aptitudinem tantum, sed complementum accidit ex agente exteriori, sicut dyaphaneitas in aere que completur per corpus lucidum

é dito em *Metafísica* X,[62] donde, removida a forma do animal, os ditos acidentes não permanecem senão equivocamente. De fato, outros se seguem conjuntamente à matéria segundo a ordem que há para a forma geral e, por isso, removida a forma especial, ainda permanecem nela, assim como há a negrura da pele no etíope[63] a partir da mistura dos elementos e não da noção de alma, e, por isso, permanece nele depois da morte.

E porque cada coisa é individuada a partir da matéria e é colocada no gênero ou na espécie por sua forma, então, os acidentes que se seguem conjuntamente à matéria são acidentes do indivíduo, segundo os quais indivíduos de mesma espécie também diferem entre si. De fato, os acidentes que se seguem conjuntamente à forma são afecções próprias, quer do gênero, quer da espécie; donde são encontrados em todos que participam da natureza do gênero ou da espécie – tal como, no homem, o ser capaz de rir se segue conjuntamente à forma, porque o riso acontece a partir de alguma apreensão da alma do homem.

Há que se saber, também, que às vezes os acidentes são causados a partir de princípios essenciais segundo um ato perfeito, assim como o calor no fogo, o qual sempre é quente. De fato, outras vezes, unicamente segundo a aptidão. Mas o complemento é acidente a partir de um agente exterior: tal como a diafaneidade no ar, o qual é preenchido

62 *Metaph.* X 11 (1058 b 21-23), na tradução “Média”: “Porém, o masculino e o feminino do animal são propriamente afecções e segundo a substância, verdadeiramente na matéria e no corpo” (ms. P, fol. 217 ra; ms. V, fol. 89 r).

63 O exemplo é de Avicena, em *Sufficientia* I, cap. 6 (fol. 17 rb).

exterius; et in talibus aptitudo est accidens inseparabile, sed complementum quod aduenit ex aliquo principio quod est extra essentiam rei, uel quod non intrat constitutionem rei, est separabile, sicut moueri et huiusmodi.

Sciendum est etiam quod in accidentibus modo alio sumitur genus, differentia et species quam in substantiis. Quia enim in substantiis ex forma substantiali et materia efficitur per se unum, una quadam natura ex earum coniunctione resultante que proprie in predicamento substantie collocatur, ideo in substantiis nomina concreta que compositum significant proprie in genere esse dicuntur, sicut species uel genera, ut homo uel animal. Non autem forma uel materia est hoc modo in predicamento nisi per reductionem, sicut principia in genere esse dicuntur. Sed ex accidente et subiecto non fit unum per se; unde non resultat ex eorum coniunctione aliqua natura cui intentio generis uel speciei possit attribui. Vnde nomina accidentalia concretiue dicta non ponuntur in predicamento sicut species uel genera, ut album uel musicum, nisi per reductionem, sed solum secundum quod in abstracto significantur, ut albedo et musica. Et quia accidentia non componuntur ex materia et forma, ideo non potest in eis sumi genus a materia et differentia a forma sicut in substantiis compositis; sed oportet ut genus primum sumatur ex ipso modo essendi,

com o corpo lúcido exterior – e a aptidão é um acidente inseparável naqueles que são assim, mas é separável o complemento que advém a partir de algum princípio que é exterior à essência da coisa ou que não entra na constituição da coisa, tal como o ser movido e o que é desse modo.

Há também que se saber que, nos acidentes, o gênero, a diferença e a espécie são tomados de outro modo que nas substâncias, pois, uma vez que o uno por si é feito nas substâncias a partir de forma substancial e matéria, resultando da conjunção delas certa natureza una, a qual é propriamente colocada na categoria da substância, por isso os nomes concretos que significam o composto nas substâncias são ditos estar propriamente no gênero tal como espécies ou gêneros, como homem ou animal. A forma (ou a matéria), porém, não está deste modo na categoria senão por redução, assim como os princípios são ditos estar no gênero. Mas o uno por si não é feito a partir de acidente e sujeito. Donde não resulta da conjunção deles alguma natureza à qual possa ser atribuída a intenção de gênero ou de espécie. Donde os nomes acidentais ditos de modo concreto não são postos na categoria tal como espécies ou gêneros, como branco ou músico, senão por redução, mas apenas segundo o que são significados em abstrato, como brancura e música. E uma vez que os acidentes não são compostos desde matéria e forma, por isso o gênero não pode ser tomado neles desde a matéria e a diferença desde a forma, assim como nas substâncias compostas, mas é preciso que o gênero primeiro seja tomado a partir do próprio modo

secundum quod ens diuersimode secundum prius et posterius dicitur de decem generibus predicamentorum, sicut dicitur quantitas ex eo quod est mensura substantie et qualitas secundum quod est dispositio substantie, et sic de aliis, secundum Philosophum in IX Methaphisice.

Differentie uero in eis sumuntur ex diuersitate principiorum ex quibus causantur. Et quia proprie passiones ex propriis principiis subiecti causantur, ideo subiectum ponitur in diffinitione eorum loco differentie si in abstracto diffiniuntur, secundum quod sunt proprie in genere, sicut dicitur quod simitas est curuitas nasi. Sed e conuerso esset si eorum diffinitio sumeretur secundum quod concretiue dicuntur; sic enim subiectum in eorum diffinitione poneretur sicut genus, quia tunc diffinirentur per modum substantiarum compositarum in quibus ratio generis sumitur a materia, sicut dicimus quod simum est nasus curuus. Similiter etiam est si unum accidens alterius accidentis principium sit, sicut principium relationis est actio et passio et quantitas; et ideo secundum hec diuidit Philosophus relationem in V Methaphisice. Sed quia propria principia accidentium

de ser, segundo o que, a respeito dos dez gêneros de categorias, é dito, de modos diversos, ente segundo o anterior e o posterior, assim como é dito quantidade a partir de que é a medida da substância e qualidade segundo o que é a disposição da substância – e assim quanto aos outros, segundo o Filósofo em *Metafísica* IX.[64]

De fato, as diferenças são tomadas neles a partir da diversidade dos princípios a partir dos quais são causados. E porque as afecções próprias são causadas a partir dos princípios próprios do sujeito se forem definidos abstratamente, o sujeito é, então, posto na definição deles no lugar *das diferenças* segundo o que estão propriamente no gênero, assim como se diz que aduncidade é a curvatura *do nariz*. Mas se daria o inverso se a definição deles fosse tomada segundo o que são ditos concretamente, pois assim o sujeito seria posto na definição deles tal como *gênero*, porque, assim, seriam definidos ao modo das substâncias compostas nas quais a noção de gênero é tomada a partir da matéria, assim como dizemos que adunco é *o nariz* curvo. Há, ainda, algo semelhante se um acidente for princípio de outro acidente, assim como o princípio da relação é a ação, a afecção e a quantidade – eis por que o Filósofo divide a relação segundo estas, em *Metafísica* V.[65] Mas, uma vez que os princípios próprios

64 *Metaph.* IX 1 (1045 b 27-32), onde certamente disse: "como dissemos nos primeiros discursos", a saber, IV 1 (1003 a 33 - b 10).

65 *Metaph.* V 17 (1020 b 26 ss.) {Veja-se: TOMÁS DE AQUINO 1964. *In Duodecim Libros Metaphysicorum Aristotelis Expositio*, V. lectio 17. Roma: Marietti, especialmente n. 1023, p. 268 (N. do T.).}

non semper sunt manifesta, ideo quandoque sumimus differentias accidentium ex eorum effectibus, sicut congregatiuum et disgregatiuum dicuntur differentie coloris que causantur ex habundantia uel paucitate lucis, ex quo diuerse species coloris causantur.

Sic ergo patet quomodo essentia est in substantiis et accidentibus, et quomodo in substantiis compositis et simplicibus, et qualiter in hiis omnibus intentiones uniuersales logice inueniuntur; excepto primo quod est in fine simplicitatis, cui non conuenit ratio generis aut speciei et per consequens nec diffinitio propter suam simplicitatem: in quo sit finis et consummatio huius sermonis. Amen.

dos acidentes nem sempre são manifestos, às vezes tomamos as diferenças dos acidentes a partir dos efeitos deles: assim como o congregador ou o desagregador a partir dos quais as diversas espécies de cor são causadas, são ditos "diferenças" da cor, as quais são causadas a partir da abundância ou escassez de luz.[66]

[CONCLUSÃO]

Portanto, fica patente, assim, de que modo há essência nas substâncias e nos acidentes e de que modo nas substâncias compostas e nas simples, e como, qualitativamente, as intenções lógicas universais são encontradas em todos esses com a exceção do primeiro, que está no fim da simplicidade, ao qual, em razão de sua simplicidade, não convém a noção de gênero ou de espécie e, consequentemente, nem a definição: nele esteja o fim e a consumação deste discurso. Amém.

---

66 Por exemplo, ARISTÓTELES, *Metaph.* X 9 (1057 b 8-9). {TOMÁS DE AQUINO 1964. *In Duodecim Libros Metaphysicorum Aristotelis Expositio,* X, lectio 9, n. 2106. 2107. Roma: Marietti, p. 496 s.: "Et hoc manifestat per exemplum. Sicut si album et nigrum sint contrariae species, et habeant unum genus quod est color, necesse est quod habeant aliquas differentias constitutivas; ita quod album sit color disgregativus visus, nigrum vero color congregativus. [...] Disgregatio enim visus provenit ex vehementia lucis, cuius plenitudo albedinem constituit. Et congregatio visus provenit ex causa contraria" – "E torna isso manifesto com um exemplo, assim como se o branco e o negro são espécies contrárias e tem um gênero que é a cor, é necessário que tenham algumas diferenças constitutivas, de modo que o branco seja a cor desagregadora da visão, o negro, porém, a cor congregadora. [...] Pois a desagregação da visão provém da intensidade da luz, cuja plenitude constitui a brancura. E a congregação da visão provém da causa contrária" (N. do T.).}

O ente e a essência de Tomás de Aquino e a reinvenção do questionário de Porfírio.

Carlos Eduardo de Oliveira[1]

Escrito em torno dos anos 1252-1256, *O ente e a essência* de Tomás de Aquino contrabalança tamanho com complexidade. Texto relativamente curto, ele começa como uma clara provocação: há que se discutir algo cujo desconhecimento e dificuldade podem ser a causa de um grande erro a respeito da própria fundação do conhecimento humano.

Essa provocação segue claramente uma pauta. A partir da segunda metade do século XII, começa a redescoberta pelo ocidente medieval latino e cristão da totalidade da obra de Aristóteles, paulatinamente conhecida por meio da tradução para o latim de suas versões e comentários majoritariamente escritos em árabe. É a "comunicação dos saberes" ou *translatio studiorum* – muito bem retratada no livro de Alain de Libera sobre a história da Filosofia Medieval cuja versão brasileira é de 1998 –, que deu novo fôlego a antigos debates, assim como ensejou toda uma série de novas discussões. Incluída nesta recepção está a obra do filósofo persa Avicena, tomado por esses medievais como uma

1 Professor do Departamento de Filosofia da FFLCH/USP.

das principais autoridades do pensamento aristotélico ou, o que na época dava no mesmo, uma das principais autoridades do Saber, a Filosofia. Não por acaso, então, *O ente e a essência* toma dele a síntese dessa fundação, apresentada numa única frase: "o ente e a essência são os que são primeiramente concebidos pelo intelecto".

Em tal formulação, metafísica e conhecimento aparecem indissociados, assim como, no desenvolvimento do opúsculo, metafísica e conhecimento aparecerão indissociados do real: o conhecimento de conceitos fundamentais da ciência metafísica, a saber, ente, essência e – depois será acrescentado – ser, é alcançado sempre de modo consoante ao real e, segundo isso, conformemente adequado às intenções lógicas de gênero, espécie e diferença. Desse modo, descobrimos o fundamental para essa adequação entre o conhecimento e o real, a arte lógica. Mesmo limitados à apreensão direta apenas das substâncias singulares e materiais, a lógica tornaria possível, por meio do conhecimento do gênero, da espécie e da diferença, alcançarmos o conhecimento intelectual, ou melhor, a *ciência* daquilo que é em si mesmo completamente afastado da matéria e, por si mesmo, imaterial: o ser, ato puro e causa de todo ente, material ou imaterial, cujo conhecimento é sempre primeiramente obtido por nosso intelecto junto com a essência. O esclarecimento das regras ou do modo dessa adequação é a tarefa fundamental à qual Tomás se propõe realizar a fim de superar, então, todo desconhecimento e evitar um grande erro a respeito dessa matéria.

Basicamente, o problema visado pela frase aviceniana que citamos acima pode ser o seguinte:[2] nosso conhecimento sempre partindo do singular e material, como é possível que nosso intelecto apreenda *primeiramente* o ente e a essência?

Movendo essa questão parece estar a dificuldade de que, embora o ente e a essência sejam conceitos universais, nosso conhecimento necessariamente sempre tem início com a apreensão sensível que se dá exclusivamente sobre coisas singulares e materiais. Mais precisamente, a dificuldade de que, embora possa ser defensável, no que diz respeito à essência, a tese de que a primeira apreensão intelectual é a apreensão simples de um universal, não parece que o mesmo se dê no que diz respeito ao ente.

Por um lado, o ente seria não só um conceito universal, mas também um transcendente: ele está além dos gêneros e das espécies e diz respeito tanto ao material quanto ao imaterial. Consequentemente, sua apreensão requer, para além da *abstração* da matéria, que é própria da apreensão intelectual das substâncias materiais, uma operação que é fundamentalmente um ato de juízo, pois também diz respeito à apreensão daquilo que nunca teve nada a ver com a matéria, como Deus e as inteligências imateriais. Trata-se da *separação,* operação intelectual que diz respeito àquilo que é apreendido intelectualmente como *não* material *por si mesmo,* apreensão *segunda*

2 Esse parece ser, por exemplo, o ponto de partida das discussões apresentadas e resenhadas, entre outros, em LANDIM FILHO, 2004 e DONCEEL, 1974.

porque somente é possível por um ato de juízo *posterior* ao ato primeiro de apreensão que, no nosso conhecimento, sempre diz respeito ao que é material. A separação é a apreensão daquilo que, por alguma razão, julgamos *não* material, ou seja, algo que somente podemos apreender de um modo fundamentalmente diferente daquele pelo qual costumamos conhecer o que apreendemos por meio dos sentidos.[3]

Por outro lado, há ainda a dificuldade de que, seja ele material ou imaterial, o conhecimento do ente talvez sempre seja o resultado de um ato de juízo: o ente é fundamentalmente uma essência *que tem ser*, o *habens esse*. Ou seja, "ente" é uma palavra que sempre significa a apreensão de uma composição, a saber, a composição de uma essência, material ou imaterial, com o ser.

Estaria, então, Avicena defendendo que, a partir do conhecimento sensível daquilo que é em si mesmo material e singular, o intelecto apreenderia *primeiramente*, junto da essência, algo que tanto é um transcendente quanto é sempre o resultado de um ato de juízo? O êxito de uma tese como essa parece pouco provável.

Mas antes de tentar avançar essas ou quaisquer outras apostas de seus intérpretes contemporâneos, vejamos primeiro o que ainda é possível apreender do próprio texto de Tomás de Aquino.

---

3 Sobre a apreensão do ente imaterial, veja-se, por exemplo, NASCIMENTO 2004.

A apresentação: fontes e referências.

No mesmo movimento em que introduz Avicena, a apresentação que dá início ao *O ente e a essência* passa do intérprete à sua principal referência teórica ao trazer a autoridade do próprio Aristóteles para a motivação da discussão contida no opúsculo: "um pequeno erro no princípio é grande no fim". Com ela também começa a ser montado o quadro do debate. A fórmula segundo a qual Tomás apresenta esse texto aristotélico está mais próxima de sua paráfrase por Averróis que do próprio *O céu e o mundo*, texto de onde ela é tirada. Na formulação do próprio Aristóteles, lemos: "De fato, aquele que tiver se desviado um pouco da verdade se afasta muito depois de dez milhas... Em razão disso, o que é pequeno no princípio, no fim se torna muito grande" (*De caelo* I, 9, 271b 8-13). Na paráfrase de Averróis, vemos praticamente o mesmo que em Tomás: "pois, como disse Aristóteles, um erro mínimo no princípio é causa de um erro máximo no final" (AVERRÓIS, *In III De anima*).

A aplicação dessa advertência aristotélico-averroísta para a afirmação aviceniana aparece logo em seguida: "para que não se dê o errar a partir da ignorância a respeito deles", isto é, a respeito do ente e da essência. Conjuntamente, também aparece justificada a razão pela qual é aventada a possibilidade de erro: "para que a dificuldade quanto a eles, o ente e a essência, venha a ser descoberta". Para evitar o erro, há então de se mostrar a dificuldade associada à ignorância a respeito (1.) do que

é significado com o nome de "ente" e de "essência"; (2.) do modo em que isto que é significado com esses nomes é encontrado em diversos e (3.) do modo em que isto que é significado com esses nomes está para as intenções lógicas (a saber: o gênero, a espécie e a diferença).

O erro pode ser "pequeno... *no princípio*" porque "são *primeiramente* concebidos pelo intelecto" conceitos expressos, na voz ou na escrita, por meio de *nomes* que significam algo que, embora único – e não dois ou vários: "aquilo que *é significado* com esses nomes" –, ainda assim é "*encontrado* em diversos". E pode ser grande *no final* porque, isso ignorado, é possível que se ignore também o modo segundo o qual "*isto que é significado* com esses nomes está para as intenções lógicas (a saber: o gênero, a espécie e a diferença)". Temos, assim, a identificação daquilo que se entende inicialmente como estando *no princípio*, a saber, o que conhecemos primeiramente, antes de tudo o mais. E a identificação daquilo que é inicialmente apontado como estando *no final*: a classificação daquilo que é *primeiramente* concebido em gêneros, espécies e diferenças. Concebemos primeiramente algo que é significado com os nomes de "ente" e de "essência", que é encontrado em diversos e que está relacionado às intenções lógicas de gênero, espécie e diferença.

Outros componentes teóricos que aparecem nessa apresentação inicial, embora permeiem toda a condução do debate, não têm menção direta. Como exemplo, a assunção de uma teoria da significação, que segue de

perto aquela apresentada nos capítulos iniciais do *Sobre a interpretação* de Aristóteles e a discussão sobre os predicáveis contida na *Isagoge* de Porfírio e no comentário que Boécio faz para esse texto. Ainda que, no *O ente e a essência*, os predicáveis já apareçam claramente entendidos como intenções lógicas, o desenho do problema anunciado por Tomás ainda pode lembrar o traçado por Boécio (*vide* OLIVEIRA, 2017). As duas primeiras tarefas anunciadas por Tomás seguem de perto a distinção boeciana entre a natureza incorpórea dos gêneros e das espécies, na medida em que são intelecções, e a sua "subsistência", que passará a ser mais simplesmente entendida como o seu *ser* nas coisas a partir das quais eles são apreendidos: os nomes "ente" e "essência" são signos convencionais das afecções "primeiramente concebidas" que são, por sua vez, semelhanças das coisas que por elas são apreendidas. Donde o modo segundo o qual isto que é significado com os nomes "ente" e "essência" é encontrado em diversos não é senão o modo segundo o qual isto *é* (em vez de *subsiste*) "na natureza das coisas".

Na dificuldade anunciada está, portanto, a chave que permite compreender a natureza do problema e da discussão propostos neste opúsculo, a saber, o debate relativo "ao que há de mais alto na filosofia" anunciado pelas questões propostas por Porfírio em sua *Isagoge*. Mas Tomás o retoma de um modo que extrapola a dicotomia que havia sido proposta por Boécio entre Platão e Aristóteles:

> Contudo, Platão sustenta que os gêneros, as espécies e os outros não são apenas inteligidos como universais, mas que também é verdade que subsistem para além dos corpos. Aristóteles, porém, certamente sustenta que são inteligidos como incorporais e universais, mas que subsistem nos sensíveis. *Não avancei a ponto de estar apto a julgar as posições deles, com efeito, isso cabe ao que há de mais alto na filosofia.* (BOÉCIO, 1906, 2. ed. p. 167. Grifo nosso)

Para Tomás, os gêneros, as espécies *e os outros* (isto é, a diferença, o próprio e o acidente) são intenções lógicas que mantêm relação com "aqueles que são primeiramente concebidos pelo intelecto". Na medida em que é uma *intelecção (primeira)*, à essência (e, consequentemente, às intenções lógicas) pode ser atribuída a "intenção de universalidade" ainda que esta não diga respeito à própria essência se tomada em si mesma. Neste sentido, Tomás concorda com a descrição boeciana, segundo a qual, para Aristóteles, os gêneros etc. "são inteligidos como incorporais e universais", ainda que não pareça concordar que a parte restante da descrição – "mas que subsistem nos sensíveis" – seja igualmente verdadeira ou até mesmo uma paráfrase correta da posição do próprio Aristóteles. Fosse ele o redator dessa segunda parte da paráfrase, Tomás provavelmente a redigiria acrescentando algumas modulações. Afinal, para ele, isto que o intelecto apreende como essência tanto pode *ser* (e não mais simplesmente *subsistir*) no que é corpóreo, como no que é incorpóreo, seja este incorpóreo ele mesmo uma substância ou mais simplesmente uma intelecção, como se verá exposto no capítulo 4 de

O ente e a essência. Ainda neste sentido, Tomás poderia também fazer certa concessão à Platão, afirmando mais ou menos a seu favor que *isto que o intelecto concebe* (que não é exatamente uma intenção lógica como *os gêneros, as espécies etc.*, que nada mais são que classificações do concebido, mas é a própria essência concebida) *é* – em vez de *subsiste* –, de algum modo, "para além dos corpos". É para defender essa posição que Tomás precisa recuar *ao princípio* que é a própria teoria da significação segundo a qual é possível entender a imposição de um *nome*[4] qualquer para uma intelecção, seja ela *primeira* ou não. E aqui temos um segundo ponto pertinente à identificação daquilo que está *no princípio* como *primeiramente* conhecido, a saber, é preciso saber, *no princípio* ou *desde o início, de que modo* algo é *primeiramente* conhecido pelo intelecto.

Segundo o comentário de Tomás para o *Peryermenias* (*Sobre a interpretação*) de Aristóteles, uma *voz significativa* – ou como diríamos mais correntemente, uma palavra falada – é imposta por convenção para significar uma afecção da alma de modo que, por meio dela, signifique a coisa da qual essa afecção é naturalmente uma semelhança.[5]

---

4 É preciso lembrar que Tomás, seguindo Aristóteles no *Sobre a interpretação*, chama de "nome" a uma classe gramatical, mais ou menos equivalente à classe do substantivo ou do adjetivo, que possui um modo determinado de significação, de tal modo que, nesse texto, a palavra "nome" indica não apenas um designativo de coisas, pessoas, etc.

5 Cf. ARISTÓTELES, *Sobre a interpretação*, cap. 1, 16a 3-8 [*apud* BOÉCIO, 1906, p. 25]: "Sunt ergo ea quae sunt in voce earum quae sunt in anima passionum notae et ea quae scribuntur eorum quae sunt in voce. Et quemadmodum nec litterae

Desse modo, embora a voz signifique primariamente uma afecção da alma, que não é senão aquilo que geralmente encontramos referido nos textos medievais como uma intelecção ou conceito, sua imposição é feita de modo que a voz não seja signo desse conceito com o fim de apontar a própria afecção do intelecto, mas para que, por meio dela, a voz possa significar a própria coisa da qual há tal intelecção.[6] Um *nome* (como "ente" ou "essência") assemelha-se

> "*ao intelecto* que é *sem composição e divisão*, assim como quando digo *'homem' ou 'branco'* se nada além for acrescentado, *pois* não *é verdadeiro ou falso quanto a isso* (mas, depois, quando for acrescentado o ser ou o não ser, é feito verdadeiro ou falso)" (*Exposição segundo o Peryermenias* I, cap. 3. *In:* Tomás 1989, p. 17, l. 206-211).

Em outras palavras, um nome não significa o resultado de um ato de juízo, ou seja, uma composição ou uma divisão se esta aparecer na forma de uma proposição que pode ser verdadeira ou falsa. Na composição que pode ser verdadeira ou falsa, um predicado é acrescentado a um sujeito tal como em "Sócrates é homem".

---

omnibus eaedem, sic nec voces eaedem. Quorum autem haec primorum notae, eaedem omnibus passiones animae et quorum hae similitudines, res etiam eaedem" – "Portanto, aqueles que são na voz são marcas daquelas afecções que são na alma. Aqueles que são escritos, daqueles que são na voz. Assim como as letras não são as mesmas para todos, as vozes também não são as mesmas. Ora, as vozes são marcas daqueles primeiros, as mesmas afecções da alma para todos. Também são as mesmas as coisas das quais essas afecções são similitudes".

6 Cf. TOMÁS DE AQUINO, *Exposição segundo o Peryermenias* I, cap. 2, *In;* TOMÁS 1989, p. 9-13.

Semelhantemente, na divisão que pode ser verdadeira ou falsa, um predicado é separado de um sujeito pela negação tal como em "Sócrates não é Platão". Aqui é importante notar que há um tipo de composição e divisão, também ato de juízo, à qual não se acrescenta o ser ou o não ser. Essa composição nem é verdadeira nem falsa e pode ser tomada como o significado de um nome. O nome "homem", por exemplo, quando tomado nocionalmente como "animal racional", equivale a esse tipo de composição, que não é verdadeira nem falsa porque o ser ou o não ser não é acrescentado a ela. Se fosse, teríamos, por exemplo, algo como "animal *é* racional" ou "*este* homem é um animal racional", lembrando que "*este* homem" poderia estar indicando nada mais que uma estátua. Um exemplo de divisão neste sentido seria: "animal sem asas" ou "animal não racional". Uma exceção a isso que acabamos de expor há de ser feita apenas com respeito àquilo que, no intelecto, é a apreensão ou afecção da alma correspondente ao conceito "ente", equivalente à expressão composta "que é" ou "a coisa é" – entendendo "coisa" no sentido de que "*certa essência* é". Tomás explica que, nesse caso, Aristóteles pretende que, apesar de vermos ali o acréscimo de ser, a palavra "ente" é imposta a fim de designar uma composição igual àquelas que não são nem verdadeiras nem falsas,[7] pois em vez de

---

7 Na tentativa de diferenciar esses dois modos de composição próprios do juízo, Gilson (1952, cap. 6, especialmente p. 192 s.) distinguiu o que chamou de juízos *atributivos*, que podem ser verdadeiros ou falsos, dos juízos *existenciais*, que não seriam nem verdadeiros nem falsos pois não constituiriam efe-

afirmar o ser de algo (talvez disséssemos mais correntemente: a existência de algo), a palavra "ente" é imposta para significar mais simplesmente a coisa em conjunto com o ser que permitiu a sua apreensão intelectual:

> E seria, ainda, maximamente visto sobre isso que chamo 'ente' porque 'ente' nada mais é que 'que é' e, assim, vê-se que significa tanto a coisa (por isto que digo 'que') quanto o ser (por isto que digo 'é'). E, certamente, se esta dicção 'ente' significasse de modo principal o ser tal como significa a coisa que tem ser, não há dúvida de que significaria que algo é. Mas não significa a própria composição (a qual é importada nisto que digo 'é') de modo principal, mas significa-a conjuntamente, enquanto significa a coisa que tem ser. Donde tal significação conjunta da composição não basta para a verdade ou para a falsidade... (*Exposição segundo o Peryermenias* I, cap. 5 *In:* TOMÁS, 1989, p. 31, l. 361-373).

Desse modo, o nome "é imposto para significar uma intelecção simples", "a substância da coisa".[8] Ou seja, o nome é imposto para significar algo de um modo diverso daquele que é próprio ao juízo, segundo o qual podemos dizer que a composição ou a divisão considerada seja

---

tivamente predicações. Ainda assim, a consideração da coisa sob a noção de "ente", resultado de um ato de juízo, seria diversa da consideração desta mesma coisa sob a noção de "essência", resultado da apreensão quididativa. Em sua discussão sobre esse ponto, Landim (2004) assume que a noção de ente apenas possa ser apreendida por meio de juízos que têm de ser verdadeiros ou falsos, o que parece discrepar do texto de Tomás que aqui citamos.

8 Cf. *Exposição segundo o Peryermenias* I, lição 4 *In:* TOMÁS, 1989, p. 22, l. 137 s.; p. 19, l. 18.

verdadeira ou falsa.[9] Tendo isso em vista, chama a atenção o fato de que a proposta do texto tomasiano parece ser a de que "ente" e "essência" sejam entendidos como nomes que significam uma mesma coisa, ainda que por meio de conceitos diversos. Daí o singular que se segue em "é significado" ou "é encontrado". Ou seja, quando Tomás parafraseia Avicena[10] dizendo que "o ente e a essência *são os que são* primeiramente *concebidos*" etc., não emprega o plural de modo que devêssemos

---

9 Tomás, noutro lugar, indicará haver proposições de segundo adjacente, como "Sócrates é", que pretendem atribuir o ser como um predicado que pode ser considerado verdadeiro ou falso. Mas há que se atentar que essa composição é diversa da que agora tratamos como pertinente à apreensão do "ente". Veja-se a *Exposição segundo o Peryermenias* II, cap. 2, *In*: TOMÁS, 1989, p. 88, l. 35-52: "Para a evidência disso, há que se considerar que o verbo 'é' é predicado na enunciação às vezes segundo si, como quando se diz "Sócrates é", pelo que não temos a intenção de significar nada diverso de que Sócrates seja segundo a natureza das coisas, às vezes, porém, não é predicado por si como se o predicado principal, mas como se conjunto ao predicado principal para conectar o próprio sujeito, assim como quando se diz: "Sócrates é branco", pois aquele que fala não tem a intenção de asseverar que Sócrates seja segundo a natureza das coisas, mas a de atribuir a ele a brancura por meio do verbo 'é' e, assim, nestas, 'é' é predicado como adjacente ao predicado principal e é dito ser terceiro não porque seja um terceiro predicado, mas porque é a terceira dicção posta na enunciação que, simultaneamente com o nome predicado, faz o predicado uno, de modo que, assim, a enunciação esteja dividida em duas partes, não em três".

10 Com efeito, aprendemos nas notas da edição latina do texto tomasiano que, nos escritos do próprio Avicena, a frase citada é um pouco diversa: « Cf. Avicena, *Metaph.* I, cap. 6: "Dizemos, então, que o ente, a coisa e o necessário são tais que são imediatamente impressos na alma pela impressão primeira" (ed. Venetiis 1508, f. 72 rb A); certamente falta ali a palavra "essência", mas pouco abaixo segue-se: "Com efeito, qualquer coisa tem a certeza pela qual é aquilo que é... Qualquer coisa tem a certeza própria de que é sua quididade" (*Ibidem*, f. 72 va C) ».

considerar que “ente” e “essência” são dois nomes que significam cada qual uma afecção e, por meio de cada uma dessas afecções, coisas diversas. Os dois nomes significam a mesma coisa primeiramente concebida, de modo que são primeiramente concebidos porque ambos dizem respeito àquilo que o intelecto apreende primeiramente de modo *confuso*:[11] a essência apreendida de modo confuso, indireto, que a razão define, divide, analisa[12] e recompõe sustentada pelo conhecimento sensível,[13] entendida de um modo que rejeita a apreensão de

---

11 Em Geiger (1963, p. 61 ss.) vemos que a apreensão quididativa, enquanto a primeira apreensão do intelecto, é aquela sobre a qual ainda é preciso “definir, dividir, compor, raciocinar” a fim de alcançar aquilo que é inicialmente composto “*a)* de um *dado sensível* mais ou menos organizado e esquematizado; *b)* de *algo que é*, existente determinado, assinalado no e pelo sensível, e em torno do qual eu elaboro, por comparações sempre renovadas com outros entes ou outros conhecimentos, ou por uma análise interna cada vez mais fina, um discurso coerente que não acabará jamais, mas que guarda na continuidade do tempo uma unidade interna que repousa sobre essa referência à essência apreendida de modo confuso”.

12 Nas palavras do próprio Tomás: as mesmas diferenças essenciais também são desconhecidas nas coisas sensíveis – donde são significadas pelas diferenças acidentais que surgem a partir das essenciais: assim como a causa é significada por seu efeito, assim como se sustenta “bípede” a diferença de homem (*O ente e a essência*, cap. 5). Eco (1995, p. 72s.) comenta assim esse trecho: “Portanto: existem diferenças essenciais, não sabemos o que elas são; as que conhecemos como diferenças específicas não são as próprias diferenças essenciais, mas delas são, por assim dizer, signos, sintomas, indícios; são manifestações superficiais do ser de algo diverso, incognoscível para nós. Inferimos a presença de diferenças essenciais por meio de um processo semiótico, a partir dos acidentes cognoscíveis.”

13 *Suma de Teologia* I, q. 85, a. 1, *ad 3m*: “Ora, as fantasias, visto serem semelhanças dos indivíduos, e existirem nos órgãos corpóreos, não têm o mesmo

ideias puras, em uma visão em Deus,[14] ou a revelação de um *a priori* separado de suas bases empíricas[15] (se é que bem replicamos agora o que defendeu L.-B. Geiger...).

---

modo de existir que tem o intelecto humano, como é patente a partir do que foi dito; por isso, não podem imprimir por sua virtude no intelecto possível. Mas, por virtude do intelecto agente resulta uma certa semelhança no intelecto possível a partir do voltar-se {conjunto} do intelecto agente sobre as fantasias, a qual é, de fato, representativa daqueles dos quais são as fantasias, apenas no que diz respeito à natureza da espécie. (...) cumpre dizer que o nosso intelecto tanto abstrai as espécies inteligíveis das fantasias, na medida em que considera as naturezas das coisas em universal como, por outra, as intelige nas fantasias, pois não pode inteligir mesmo aquilo cujas espécies abstrai, a não ser voltando-se {conjuntamente} para as fantasias, como foi dito acima [Q. 84, a. 7]" (*In*: TOMÁS, 2006, p. 139. O acréscimo entre chaves é nosso); *Ibidem*, q. 85, a. 2, *resp.*: "Mas porque o intelecto volta-se sobre si mesmo, intelige segundo a mesma volta tanto seu inteligir como a espécie pela qual intelige. E assim a espécie intelectiva é secundariamente aquilo que é inteligido, mas aquilo que é primeiramente inteligido é a coisa da qual a espécie inteligível é semelhança"; *Ibidem, ad 3m*: "Para o terceiro, diga-se que, na parte sensitiva, é encontrada uma dupla operação. *Uma*, segundo a mudança sozinha. E, assim, a operação do sentido se perfaz por isto: é mudado desde o sensível. A *outra* operação é a formação segundo o que a capacidade da imaginação forma para si algum ídolo da coisa ausente ou, ainda, da nunca vista. E, no intelecto, essa operação põe uma e outra em conjunto. Pois, certamente, primeiro a afecção do intelecto possível é considerada segundo o que é enformado pela espécie inteligível, pela qual, formado, forma em segundo lugar ou a definição ou a divisão ou composição que é significada pela voz. Donde a noção significada pelo nome é a definição. E a enunciação significa a composição e a divisão do intelecto. Portanto, as vozes não significam as próprias espécies inteligíveis, mas aqueles que o intelecto forma para si para julgar sobre as coisas exteriores".

14 *Vide*, entre outros, NASCIMENTO, 2006, p. 36-39 e HENLE, 2006.

15 *Vide* DONCEEL, 1974, p. 73-79.

Significados de "ente" e "essência":

A primeira tarefa sendo entendida desse modo, temos que tudo o que o intelecto primeiramente concebe é o mesmo que é significado pelos nomes de "ente" e de "essência", ainda que esses nomes venham em algum momento posterior a significar isso de modos diversos ou segundo noções diversas. Caberá ao primeiro capítulo esclarecer o que devemos entender pela "noção" de ente e pela "noção" de essência, ou seja, dar o "significado de dicionário" dessas palavras ao dizer "o que é significado por estes nomes".

Tomás inicia essa discussão lembrando a seu leitor que a palavra "ente" pode ter dois significados. O aparato da edição latina do texto tomasiano indica que Tomás tem novamente Averróis sob seus olhos: "Mas deves saber que, universalmente, o nome 'ente' que significa a essência da coisa é diferente de 'ente' que significa o verdadeiro" (AVERRÓIS, *Metaph.* V, *comm.* 14). Obviamente, parte das dificuldades relativas ao que se ignora da afirmação aviceniana surge dessas várias passagens em que Averróis traz discussões relativas ao ente e à essência. Não que Tomás esteja opondo os dois filósofos ou assumindo uma interpretação mais ou menos "averroísta" ou "aviceniana". Num primeiro momento, o recurso muitas vezes velado a Averróis serve para dar luz àquilo que, Tomás nos faz entender, o dito aviceniano por si não manifesta.

E, nesse caso, interessa destacar que apenas um desses significados de "ente" compreende também a noção de "essência". Quando a palavra "ente" significa "tudo aquilo sobre o que pode ser formada uma proposição afirmativa ainda que não ponha nada na coisa", os significados da palavra "ente" e da palavra "essência" não dizem respeito ao mesmo. Todo o problema está em que, entendendo a palavra "ente" desse modo, é possível formular proposições verdadeiras como "*afirmação* é o oposto de *negação*",[16] na qual se diz algo sobre a afirmação que não corresponde àquilo que é sua essência. A proposição citada não faz senão dizer que "isto *não é* aquilo", ou seja, que "afirmação não é negação" ou, mais corretamente, propõe uma tautologia tal qual "*A* é *A*", "afirmação é afirmação" que, no final, nada diz sobre a afirmação. Acontece algo parecido quando se diz que "a cegueira *é* no olho", igualmente uma proposição verdadeira que, apesar das aparências, não seria equivalente a afirmar que *há algo* no olho ou a apresentar um predicado que possa ser tomado como a essência da cegueira. Em vez disso, aquela proposição não diria senão que o olho está privado da visão, descrevendo um acidente do olho.

No sentido que interessa mais de perto à discussão, a palavra "ente" significa "aquilo que põe algo na coisa", entendendo com isso, a princípio, aquilo que *não* pode ser tomado como uma privação ou como a negação ou

---

16 Note-se que, além de verdadeira, "afirmação é o oposto de negação" é uma proposição evidente por si mesma, tal qual "o todo é maior que suas partes".

remoção de algo. Mas, nesse sentido, "pôr algo na coisa" pode ser entendido tanto como colocar algo na *definição* que é uma essência, ou seja, propor de modo positivo ou afirmativo uma definição que corresponda a uma definição essencial, quanto como sustentar algo *na natureza das coisas*. As duas interpretações são possíveis e, em certa medida, complementares, como veremos agora.

Explicando o significado de "ente" que serve para o bom entendimento do enunciado aviceniano apresentado no início do *O ente e a essência*, Tomás diz, em síntese, que a palavra *ente* deve ser tomada como significando o que "põe algo na coisa" quando aquilo que é significado por ela pode ser classificado segundo alguma das dez categorias: substância, quantidade, qualidade, relação, lugar, tempo, posição, posse, ação e paixão (cf. ARISTÓTELES, *Categorias*, cap. 4, 1b 25-27). Com essa delimitação do significado da palavra "ente", Tomás não faz senão tirar de sua discussão o que não tem essência, "como é patente no caso das privações". Podemos entender melhor isso partindo de um trecho da *Suma Contra os Gentios*, no qual Tomás fala que o mal não é senão uma privação:

> Pois, como foi dito, o mal não é senão privação daquilo que é natural para alguém e que alguém deve ter (*quis natus est et debet habere*): pois é assim junto a todos o uso deste nome, "mal". Ora, a privação não é certa essência, mas é a negação na substância. Portanto, o mal não é certa essência nas coisas (III, cap. 7 *In:* TOMÁS, 2015, p. 27. Tradução nossa).

No Comentário segundo *O céu e o mundo*, Tomás escreve ainda: "a privação nada mais é que a ausência da forma que é naturalmente apta a inerir (*quae est nata inesse*)" (I, lição 6 *In*: TOMÁS, 1886, p. 24). As passagens citadas mostram que a privação, nesse sentido, é exatamente a ausência quer da essência quer de algo que para ela é *natural* (*natus*), de tal modo que a afirmação de uma privação, tal como "a cegueira é no olho", é a afirmação da ausência de uma essência ou de uma característica própria dela. Em certo sentido, isso é o mesmo que dizer que a privação é o apontamento de tudo aquilo que não é na natureza das coisas, o que vemos no texto do *Comentário segundo as Sentenças*:

> Com efeito, de um modo é dito ente o que é dividido pelos dez gêneros: e, assim, "ente" significa algo existente na natureza (*aliquid in natura existens*); quer seja substância, como o homem, quer seja acidente, como a cor. De outro modo, é dito ente o que significa a verdade da proposição: na medida em que se diz que a afirmação é verdadeira quando significa ser sobre aquilo que é, e a negação quando significa não ser sobre aquilo que não é; e esse "ente" significa a composição adveniente ao intelecto que compõe e que divide. Portanto, todos os que forem ditos "entes" do primeiro modo são entes quanto ao segundo modo: porque tudo o que tem ser natural nas coisas pode ser significado ser pela proposição afirmativa; como quando é dito: a cor é, ou: o homem é. Mas nem todos que são entes quanto ao segundo modo são entes quanto ao primeiro: porque sobre a privação, como sobre a cegueira, é formada uma proposição afirmativa, quando se diz "a cegueira é"; no entanto, a cegueira não é algo na natureza

> das coisas, mas é, antes, a remoção de algum ente; e, por isso, também se diz que as privações e as negações sejam entes quanto ao segundo modo, mas não quanto ao primeiro. Ora, segundo cada um desses modos, "ente" é predicado de modos diversos: porque tomado segundo o primeiro modo, é predicado substancial, e pertence à questão "o que é" (*quid est*), mas quanto ao segundo modo, é predicado acidental, como o Comentador diz no mesmo lugar, e pertence à questão "se é" (*an est*). (*Comentário segundo as Sentenças* II, d. 34, q. 1, a. 1, *resp. In*: TOMÁS, 1929, p. 872).

Segundo esse texto, o ente põe algo na coisa quando "significa algo existente na natureza"; quando "significa a essência da coisa", tal como Averróis é agora declaradamente chamado a explicar no próprio *O ente e a essência*:

> O nome "essência" não é tomado do ente dito do segundo modo: deste modo, alguns que não têm essência são ditos "entes", como é patente nas privações, mas "essência" é tomado do ente dito do primeiro modo, donde o Comentador diz, no mesmo lugar, que "dito do primeiro modo, 'ente' é o que significa a essência da coisa" (*O ente e a essência*, capítulo 1).

Mas o texto do *Comentário segundo as Sentenças* diz também que nem toda proposição afirmativa verdadeira sobre algo significa a essência daquilo que serve de sujeito para a proposição. Nem toda proposição verdadeira sobre algo significa aquilo que põe algo na coisa: "a cegueira é" não significa algo na natureza das coisas, mas pode ser uma proposição verdadeira se responde à questão *se é* (*an est*). Sabemos que a essa questão contrapõe-se

geralmente a questão *o que é* (*quid est*). Esta pressupõe como resposta a afirmação da essência da coisa, enquanto *se é* pressupõe como resposta apenas a constatação de que algo *é* de modo *acidental*:

> ... [o ente] é predicado a seja qual for a criatura por participação, pois nenhuma criatura é o seu ser, mas é o que tem ser; [...] E é isso que Boécio diz no livro *Hebdomadários*, que em tudo aquilo que é abaixo do Primeiro, um é o ser e outro o 'que é' (*quod est*).
>
> Mas há que se saber que algo é participado de dois modos. De um modo, como se o existente pela substância participante, assim como o gênero é participado pela espécie; ora, o ser não é participado pela criatura deste modo, pois aquilo que cai em sua definição é pela substância da coisa. Ora, o ente não é posto na definição da criatura, porque nem é gênero nem diferença. Donde é participado assim como algo que não existe pela essência da coisa e, por isso, uma questão é *se é*, outra, *o que é*. Donde, visto que tudo que é além da essência da coisa é dito acidente, o ser, que pertence à questão *se é*, é acidente. E, por isso, o Comentador diz em *Metafísica* V que a proposição "Sócrates é" é sobre o predicado acidental segundo o que designa a entidade da coisa ou a verdade da proposição, mas é verdadeiro que *este nome 'ente'*, segundo o que importa a coisa a que compete tal ser, assim *significa a essência da coisa* e é dividido pelos dez gêneros. Mas não univocamente, porque o ser não compete a todos pela mesma razão, mas a certas substâncias por si, a outras, porém, de outro modo (*Quodl.* II, q. 1, a. 1, *resp. In*: TOMÁS, 1996, p. 214 s., lin. 35-38.48-72).

O conhecimento que diz acidentalmente sobre algo que ele *é* não alcança o conhecimento da essência daquilo

que se afirma ser. O conhecimento que temos sobre Deus e as substâncias simples é um bom exemplo disso:

> ... a partir do conhecimento dos sensíveis não pode ser conhecida toda a virtude de Deus e, consequentemente, nem ser vista sua essência. Mas porque os efeitos deles são dependentes da causa, podemos ser conduzidos a partir deles a isto: que conheçamos sobre Deus *se é*; [...] diga-se, portanto, que a razão não pode alcançar a forma simples de modo que saiba sobre ela o que é, mas pode conhecer sobre ele de modo que saiba *se é* (*Suma de Teologia* I, q. 12, a. 12, *resp.* e *ad 1m*).

A palavra "ente" tem entre seus significados uma proposição verdadeira *ainda que nada ponha na coisa* porque uma proposição privativa pode designar acidentalmente o ser de algo sobre o qual nada é dito de sua essência. É evidente a razão pela qual o nome "essência" não significa nada que pode ser encontrado no significado de "ente" quando tomado deste modo. Também fica mais fácil de entender o sentido da afirmação que aparece no *Comentário segundo as Sentenças,* segundo a qual "a cegueira não é algo na natureza das coisas, mas é, antes, a remoção de algum ente". Em certas proposições que significam o ente, não é possível derivar o nome "essência" na medida em que elas dizem o ente de modo acidental, ou seja, de modo que, embora indique o ser, não diz o que (*quid*) ele é.

Há, então, que se ter certo cuidado com a compreensão disso. O caso da fênix, que é "um pássaro que renasce continuamente das cinzas", por exemplo, vale

certa reflexão – que poderá ser igualmente aplicada aos casos do centauro, da quimera, do bode-cervo etc. Sob certo aspecto, "fênix" obviamente não põe nada na coisa e o nome "essência" não pode ser derivado de sua consideração. Mas, atenção: se considerada como um pássaro real, ou seja, considerando que o juízo "a fênix é" pressupõe que ela exista *na natureza das coisas* como algo fora da mente ou, mais simplesmente, que ela exista como algo "real", essa proposição não é senão falsa e não preenche sequer as condições para que uma proposição possa ser um significado de ente. Considerada por si, enquanto designa "um pássaro que renasce continuamente das cinzas", embora a fênix certamente não seja um ente no sentido de que não pode estar entre aquilo que é primeiramente concebido pelo intelecto *por meio dos sentidos*, ela certamente pode ser uma ficção intelectual, que existe apenas no intelecto, e fazer com que a proposição "a fênix *é*" seja verdadeira enquanto afirma acidentalmente o ser (no intelecto) da fênix. Nesse sentido, essa proposição contempla o critério necessário para que a possamos considerar um significado de "ente". Mas o nome "essência" poderia ser derivado dela?

Diferentemente da cegueira, mesmo designando uma ficção, claramente a fênix não designa por si qualquer privação, nem a ausência de qualquer forma naturalmente apta a inerir a algo ou que seja natural para alguém e que alguém devesse ter. Basta estar claro que ela não é inicialmente considerada enquanto uma espécie de pássaro que é *na natureza das coisas* e fora do

intelecto. Isto não faria dela um ente em nenhum sentido, dado que se trate de um juízo falso. Mas enquanto é uma intelecção de algo e não qualquer pássaro real, a fênix pode ser considerada ao menos um ente *de razão*. E aqui aparece outro ponto relevante – também a afirmação e a negação são assim:

> Mas porque a coisa é cognoscível por sua essência, o nome "coisa" é transferido para tudo aquilo que pode cair na cognição ou no intelecto segundo o que é chamado de "coisa" a partir de "concebo, concebes". E por esse modo são chamadas de "coisas de razão" aquelas que não têm o ser ratificado na natureza, segundo o modo pelo qual também as negações e as privações podem ser chamadas de "coisas" assim como também são chamadas de "entes de razão", como diz o Comentador em *Metafísica* IV, 2º comentário (*Comentário segundo as Sentenças* II, d. 37, q. 1, a. 1, *resp*. *In*: TOMÁS, 1929, p. 944).

Segundo esse texto, a afirmação e a negação têm essência enquanto são entes de razão. Isso ajuda a esclarecer melhor a observação presente no *O ente e a essência*, segundo a qual o nome "essência" não deriva de "ente", segundo o que qualquer proposição verdadeira que diga acidentalmente o ser de algo pode ser dita "ente": entre essas proposições estão aquelas que se referem exclusivamente a negações e privações, ou seja, aquelas que retiram justamente aquilo que é a essência ou que é parte da essência. Seria um claro contrassenso que o nome "essência" derivasse de "ente" tomado desse modo. Mas não seria uma consequência clara a

de que, portanto, jamais qualquer afirmação ou negação possam ser tomadas como entes num sentido que não exclua a essência. Segundo Tomás, até mesmo o pecado pode ser considerado um ente: não enquanto é uma privação, mas enquanto é uma coisa ou ente *de razão*. Na continuação imediata do comentário da distinção 37 que acabamos de citar, Tomás acrescenta:

> Portanto, tomando "coisa" do primeiro modo, o pecado, enquanto é ato, é certa coisa, mas enquanto há pecado a partir da privação da ordem devida, não é certa coisa, mas privação. Ora, a privação não é uma coisa de natureza, mas unicamente de razão. Donde tomando "coisa" do segundo modo quanto a ambos, o pecado é coisa, a saber, tanto enquanto é ato como enquanto está sujeitado à privação (*Ibidem*, p. 944).

Dos significados de "ente" e "essência" à distinção entre essência e ser: o plano da obra.

Eis por que não há nada a se estranhar quando a fênix aparece como um exemplo de um ponto fundamental da discussão do Capítulo 4, no qual Tomás defende que, por si, a essência nada diz sobre o ser ou não ser de algo: "posso inteligir o que é o homem (ou a fênix) e, no entanto, ignorar se acaso tem ser [*an* (!) *esse habeat*] na natureza das coisas". A essência da fênix, que alcançamos por meio da descrição "um animal que continuamente renasce das cinzas", nada diz sobre se a fênix é ou não é, nem ao menos se a ela é ou não possível ser

na natureza das coisas ou apenas como a intelecção de uma ficção. Nem mesmo à essência de *homem* cabe dizer algo assim. “Ficcional” ou “real”, a essência é algo diverso do *ser*: por si, a essência nem inclui nem exclui o ser, seja ele qual for: presente, passado, futuro, atual, potencial, “real” (isto é, “na natureza das coisas”, sejam elas corpóreas ou incorpóreas) ou “ficcional” (isto é, “somente no intelecto”). Nessa argumentação, obviamente a intelecção da “essência” de um ente é algo diverso da intelecção de seu “ser”. É igualmente óbvio que temos, então, uma distinção conceitual. Mas será essa uma distinção apenas de razão, apenas relativa ao modo como apreendemos as coisas? Em outras palavras, será ela o indício de uma distinção real?

Muito já se discutiu e, aparentemente, ainda se discute sobre esse ponto.[17] A resposta de Tomás, porém, pode estar na sequência imediata da exposição deste dilema:

> é patente que o ser é algo que não a essência ou quididade. A não ser, talvez, que haja alguma coisa da qual a quididade seja seu próprio ser: e essa coisa não pode ser senão uma e primeira, porque é impossível que a pluralização de algo seja feita a não ser que pela adição de alguma diferença ... ou pelo receber a forma em matérias diversas ... ou por um ser absoluto e outro recebido em algo... (*O ente e a essência,* capítulo 4)

É notável que a argumentação passe da *intelecção* da essência (sem o ser) para a consideração sobre a

---

17 Veja-se, por exemplo, a síntese das várias posições a respeito dessa discussão apresentada por Owens (1965).

possibilidade de haver alguma *coisa* "cuja quididade seja seu próprio ser" e que seja "una e primeira". Mesmo que Tomás esteja cometendo alguma falácia (e não estamos dizendo que o tenha feito) ao passar do inteligível ao real, parece óbvio que, desde seu ponto de vista, exceto o caso deste primeiro, em tudo o mais a essência é uma coisa *realmente* distinta de seu ser. E isso vinha sendo apontado desde o início do opúsculo. Logo após a decisão sobre qual sentido da palavra "ente" era relevante para a discussão proposta no *O ente e a essência*, ponto que abandonamos um pouco acima, Tomás havia defendido que a palavra "essência", ainda que sob aspectos ligeiramente diversos, corresponderia sempre àquilo que, na forma de uma definição, seria a resposta à pergunta "o que é?" (*quid est*?). Assim entendida, significaria o mesmo que significam as palavras quididade, forma e natureza, ou seja, significaria o mesmo sob os vários aspectos segundo os quais é possível dizer que "*essência* é *aquilo que é significado pela definição da coisa*". Visto o "significado de dicionário" de *essência*, a *ratio nominis*, parece possível entender melhor o "significado de dicionário" antes apresentado de *ente*: o ente significa aquilo que "põe ser na coisa" ao significar aquilo que *tem ser* "na essência e pela essência",[18] isto é, na medida em que significa algo

18 Note-se a proximidade da formulação contida no *O ente e a essência*, "Ora, diz-se 'essência' segundo o que, por ela e nela, o ente tem ser" (facilmente convertível em "o ente tem ser pela essência e na essência"), com a formulação contida na *Suma de Teologia* I-II, q. 26, a. 4, *resp*:. "de modo absoluto, o ente é aquilo que tem ser".

determinado que *é* em ato segundo certa forma/essência, na medida em que significa certa forma/essência que é princípio de ser para determinado indivíduo.

a. Diversidade do considerado e ordenação das primazias:

A "definição de dicionário" mostrando de que modo as palavras em questão significam algo – toda palavra é signo de uma afecção que é semelhança de uma coisa –, o próximo passo será voltado a investigar que coisas são essas: de que modo isto que é significado por esses nomes "é encontrado em diversos"?

Os "diversos" são indicados por Tomás como sendo tanto os acidentes como as substâncias, dentre essas, as substâncias compostas de matéria e forma e as substâncias simples (no sentido de não compostas de matéria e forma) ou imateriais, a saber, Deus, as inteligências e a alma humana. Os capítulos 2, 4 e 6 trazem a discussão sobre o que *ente* e *essência* significam quando consideramos cada um desses acidentes ou substâncias.

Aqui poderia ser vista como uma dificuldade a aparente incompatibilidade entre o fato de que são conhecidos entre esses diversos as substâncias simples, as quais nosso intelecto não apreende primeiramente no que diz respeito à *via da resolução* (que não é senão o modo segundo o qual nosso intelecto conhece as coisas: do múltiplo para o uno, do composto para o simples) e a afirmação sobre a primazia do ente e a essência enquanto os que são primeiramente concebidos pelo intelecto.

Duas passagens ilustram o modo segundo o qual essa primazia é tomada. Nelas Tomás dita certa ordenação necessária à investigação proposta. A primeira é exposta no Proêmio e diz a razão de se começar a investigação primeiro pelo significado de "ente" para só depois se passar ao significado de "essência":

> Porque devemos, de fato, receber o conhecimento dos simples a partir dos compostos e chegar aos anteriores a partir dos posteriores, de modo que, ao começarmos dos mais fáceis, o aprendizado se dê do modo o mais conveniente, então, há que se avançar para a significação de "essência" a partir da significação de "ente" (*O ente e a essência*, Prólogo).

A segunda aparece no encerramento do primeiro capítulo, e apresenta a ordem segundo a qual toda a investigação será realizada:

> Mas porque, a respeito das substâncias, diz-se "ente" de modo absoluto e quanto ao anterior e, a respeito dos acidentes, quanto ao posterior e como se segundo o 'o que', tem-se, então, que a essência *é*, própria e verdadeiramente, nas substâncias, mas, nos acidentes, *é* de certo modo e segundo o 'o que'. De fato, algumas das substâncias são simples e outras compostas e a essência *é* em cada uma delas, mas de modo mais verdadeiro e mais nobre nas simples, segundo o que, ademais, têm ser mais nobre pois são causa daquelas que são compostas, ao menos a substância simples primeira que é Deus. Mas porque as essências dessas substâncias são mais ocultas para nós, há, então, que se começar a partir das essências das substâncias compostas, dado que o aprendizado seja, do modo o mais

conveniente, realizado a partir dos mais fáceis (*O ente e a essência*, capítulo 1).

Há uma ordem segundo a qual nosso aprendizado se dá do modo o mais conveniente: ela começa do que é mais fácil ou está menos oculto para nós, a saber, aquilo que é composto e, segundo a natureza, posterior ao simples. As substâncias simples são anteriores às compostas segundo a natureza porque elas *têm ser* de modo mais nobre que as essências compostas, pois ao menos uma delas, a substância simples primeira que é Deus, é causa dos compostos.

Há, portanto, além da anterioridade de natureza, que não é posta em questão, tanto a primazia daquilo que é *primeiramente* concebido pelo intelecto quanto a primazia daquilo que, no aprendizado, é anterior *para nós*. Temos, então, as duas primazias que são relevantes para o desenvolvimento do *O ente e a essência*: a primazia da ordem de apreensão do conhecimento, a primazia do modo segundo o qual há a aquisição intelectual daquilo que é primeiramente conhecido sobre algo, modo que é próprio do conhecimento humano. Pela ordem da apreensão do conhecimento intelectual, comum a todas as inteligências, aquilo que é primeiramente conhecido por seja qual for o intelecto, de modo natural, não pode ser senão uma essência.[19] Mas, segundo a ordem de aquisição do

---

19 Cf. *Suma de Teologia* I, q. 85, a. 5, *resp.*: "o intelecto humano não adquire imediatamente na primeira apreensão um conhecimento perfeito da coisa, mas primeiro apreende algo dela, por exemplo, a quididade da própria coisa, que

conhecimento desde o sensível, que é própria do intelecto humano, essa essência não pode ser por primeiro senão a de uma coisa material que tem ser na natureza das coisas. Assim, o princípio segundo o qual o aprendizado se dá do modo o mais conveniente ao "começar dos mais fáceis" não se refere exclusivamente ao aprendizado do conteúdo deste opúsculo, mas trata do aprendizado em geral, aplicado com o fim particular de evitar um grande erro no final ao tratar "dos que são primeiramente concebidos pelo intelecto". Esta é a ordem do aprendizado que tanto diz respeito ao passo a passo da instrução de um indivíduo, quanto ao próprio "modo de proceder da ciência", descritos no comentário de Tomás para o *Tratado da Trindade* de Boécio (q. 5, a. 1, *ad 3m In*: TOMÁS, 1999, p. 104 s.).

Ainda assim, aquilo que depois será, indiretamente e por demonstração e/ou dedução, conhecido em primeiro lugar sobre as substâncias imateriais (mas não em primeiro lugar absolutamente no que diz respeito à ordem de apreensão própria a este intelecto) não é senão sua essência, ainda que a modo das várias descrições

---

é o objeto primeiro e próprio do intelecto; depois intelige as propriedades, os acidentes e as referências que acompanham a essência da coisa. [...] o intelecto angélico e divino se apresenta como as coisas incorruptíveis, que têm sua perfeição total imediatamente desde o princípio. Donde o intelecto angélico e divino ter de imediato perfeitamente o conhecimento total da coisa. Donde, ao conhecer a quididade da coisa, conhece a respeito da coisa o que quer que nós possamos conhecer compondo e dividindo e raciocinando. [...] o intelecto divino e angélico conhecem efetivamente a composição, a divisão e o raciocínio não compondo, dividindo e raciocinando, mas pelo entendimento da simples quididade" (In: TOMÁS, 2006, p. 165).

que nos são possíveis a respeito dessas essências *não* materiais,[20] as quais significam tanto aquelas substâncias que são certa mistura de ato e potência como aquela substância única que é por si mesma de modo que é incausada, imóvel e ato puro. Em suma, para Tomás, ainda que aquilo que primeiramente apreendemos sobre algo sempre signifique uma definição, uma vez que essa definição ou essência diz respeito a coisas em si mesmas diversas, ela também é atribuída de modos diversos aos predicáveis gênero, espécie e diferença porque estes predicáveis são *analogados* de modos diversos a essas essências, que podem significar tanto substâncias compostas como substâncias simples ou acidentes.

b. Intenções lógicas: a ordenação própria do conhecimento.

As intenções de gênero, espécie e diferença são encontradas nas substâncias compostas de modo análogo ao da composição da matéria e da forma. Também sua essência é dita composta, dado que podem ser analogamente

20 Se retomarmos o texto acima citado da *Suma de Teologia* I, q. 12, com sua continuação, vemos isso melhor: "... a partir do conhecimento dos sensíveis não pode ser conhecida toda a virtude de Deus e, consequentemente, nem ser vista sua essência. Mas porque os efeitos deles são dependentes da causa, podemos ser conduzidos a partir deles a isto: que conheçamos sobre Deus *se é*; e que conheçamos sobre ele aquilo que é necessário convir a ele segundo o que é a causa primeira de tudo, que excede todos seus causados. Donde conhecemos sobre ele sua relação (*habitudinem*) com as criaturas, a saber, que é causa de tudo; e a diferença das criaturas dele, a saber, que ele não é algum daqueles que são causados a partir dele; e que isso não é removido dele segundo um defeito dele, mas porque sobre-excede" (*Suma de Teologia* I, q. 12, a. 12, *resp.*).

encontradas correspondências ao que nela há proporcionalmente de material e de formal, de tal modo que, na substância composta, o gênero estaria para o que há de material assim como a diferença para o que há de formal, a espécie correspondendo à própria composição de matéria e forma. Assim, se diz proporcionalmente que o gênero é tomado nas substâncias compostas *desde a matéria* ou desde aquilo que há em sua essência de material ou de análogo à matéria, assim como a diferença é tomada *desde a forma* etc.

A analogia não pode ser assim repetida nas substâncias imateriais, que são forma sem matéria e ditas, por essa razão, quididades simples. Tanto o gênero como a diferença são tomados nelas de toda a forma, descrita como uma forma imaterial com certo grau de perfeição. O gênero e a diferença são tomados "de toda a forma" no sentido de que não é possível determinar uma parte da forma que seria, mesmo se apenas de modo analógico, correspondente exclusivamente à imaterialidade e que pudesse ser de algum modo distinta de outra parte que fosse correspondente apenas ao grau de perfeição que lhe seria próprio. Consequentemente, nas substâncias imateriais o gênero é tomado da imaterialidade que lhes é comum e a diferença é proporcionalmente tomada quanto aos graus de perfeição que distinguem essas substâncias imateriais entre si e os quais não nos é dado conhecer.

Também os acidentes teriam um modo particular de atribuição às intenções lógicas. Há acidentes que cabem antes à forma da substância composta que à matéria e vice-versa. Por exemplo, as intelecções são acidentes da

alma intelectual do homem, "da qual o ser não depende da matéria", como explicará Tomás. São, portanto, acidentes próprios da forma do composto, não de sua matéria. Outros acidentes, ainda que também próprios da forma, "têm comunicação com a matéria", como é o caso das sensações. E dentre estes, alguns são mais próprios da "forma especial", relativa à diferença que no homem é a alma racional, ainda que apenas completem sua diversidade na matéria, como é o caso do masculino e do feminino: após a morte, o corpo não é dito "masculino" ou "feminino" senão por equivocidade, enquanto outros são mais próprios da "forma geral", como "a negrura do etíope" que se deveria antes "à mistura dos elementos" que à noção de alma: após a morte, a negrura permanece tal qual como antes. Vê-se, desse modo, que a analogia própria das substâncias compostas dificilmente pode ser repetida no que diz respeito aos acidentes: nem sempre há uma parte deles que é tomada estritamente desde a matéria, como nas intelecções, assim como nem sempre há uma parte deles que seja semelhantemente tomada desde a forma, como a negrura resultante da mistura dos elementos.

O caráter analógico da relação entre a essência e as intenções lógicas fica ainda mais claro à medida que são considerados os vários casos pertinentes ao estabelecimento desta relação. Tomás diz que, em geral, o gênero é tomado nos acidentes desde seu modo de ser, segundo o que é anterior ou posterior para o ente. Por exemplo, a quantidade que é a medida da substância (anterior), a qualidade que é a disposição da própria substância

(posterior). A diferença, porém, é tomada a partir dos diversos princípios segundo os quais os acidentes são causados. No entanto, quando os acidentes são denominados por nomes abstratos, eles são tomados como se causados pelos princípios próprios do sujeito, que aparece na definição do acidente no lugar da própria diferença, assim como "aduncidade" é o nome dado à curvatura *do nariz*. Mas se essa denominação se der por meio de um nome concreto, os acidentes são tomados como se causados por seus próprios princípios, e o sujeito do acidente será posto em sua definição como se fosse o próprio gênero ou matéria do acidente, assim como se diz que "adunco" é o *nariz* curvo.

Por outro lado, os próprios acidentes podem ser princípios para outros acidentes, assim como a ação, a afecção e a quantidade são princípios da relação. Assim, enquanto a ação é tomada como o *gênero* da diferença que é a relação, como em "*esquentador* é o que pode esquentar" ("esquentador" é o concreto que indica o sujeito que tem o calor e é posto como causa do calor no esquentável), a afecção é tomada como a *diferença* do gênero que é a relação, como em "*esquentável* é o que pode ser esquentado" ("esquentável" é o abstrato que indica o sujeito que pode receber como afecção o calor que é o efeito do esquentador).[21]

---

21 Cf. TOMÁS DE AQUINO, *In Metaphys.* V, *lectio* 17 [especialmente n. 1023, 1964, p. 268: "1023. – Depois, quando diz: 'ora, são ativos'". Dá-se sequência sobre *o segundo modo* das relações, que são nos ativos e nos passivos: e diz que os relativos desse modo são relativos *de dois modos. De um modo,* segundo a

O "significado de dicionário" que acabamos de ver estabelecido tem de ser considerado, desse modo, sob a advertência de que coisas diversas *quanto à sua própria natureza,* ainda que sejam tomadas pelos mesmos nomes, devem ser significadas por esses mesmos nomes de modos que também são diversos. A essência das substâncias materiais está para as intenções lógicas de gênero, espécie e diferença de um modo diverso daquele segundo o qual a essência das substâncias imateriais está para essas mesmas intenções, assim como também é diverso o modo segundo o qual está para elas a essência dos acidentes. Essa é a discussão dos capítulos 3, 5 e, novamente, 6.

Por fim, que estes predicáveis sejam tomados como intenções lógicas parece enfatizar que eles sejam considerados enquanto intelecções de intelecções, ou intelecções/conceitos de segunda intenção. É o que diz expressamente, por exemplo, o autor desconhecido[22] da

potência ativa e a passiva; e, *do segundo modo,* segundo o ato dessas potências, que são o agir e o ser afetado, assim como se diz "esquentador" (*calefactivum*) quanto ao "esquentável" (*calefactibile*) segundo a potência ativa e a passiva. Pois é "esquentador" o que pode esquentar, mas "esquentável" o que pode ser esquentado. Ora, o "esquentador" (*calefaciens*) para o "esquentado" (*calefactum*) e o "cortador" (*secans*) para aquilo que é cortado (*id quod secatur*) são ditos de modo relativo segundo o ato das potências anteriormente ditas"].

22 Ainda hoje há dúvida sobre sua autoria. Os estudiosos parecem estar divididos entre os que apontam a Herveus de Nédellec (GILSON, 2001, p. 675; FORLIVESI, 2002, p. 7) e os que apontam a Gratiadeus de Ésculo (D'ORS, 2001, LIBERA, 2011, p. 459; 2008, p. 356) como seu autor. Roensch (1964, p. 160 s.) cita entre os que opinaram contrariamente à autoria de Nédellec a B. Haureau, M. Grabmann e J. Koch.

Suma de toda a lógica de Aristóteles, tratado que já foi erroneamente atribuído ao próprio Tomás de Aquino:[23]

> Mas porque o intelecto se volta sobre si mesmo e sobre aqueles que são nele quer subjetivamente quer objetivamente, considera novamente o homem como inteligido por si, sem as condições da matéria, e vê que tal natureza inteligida com tal universalidade ou abstração pode ser atribuída a esse e àquele indivíduo e que é realmente nesse e naquele indivíduo. Forma, então, a intenção segunda sobre tal natureza e a chama "universal ou predicável", ou algo assim (Cap. 1 *In*: TOMÁS 1864, p. 55).

As relações entre significação e conhecimento: as dificuldades e o propósito da obra.

Evidencia-se, assim, o nexo entre significação e conhecimento: para que seja possível determinar o que é significado pela imposição de um nome é preciso levar em consideração o modo segundo o qual isso que é significado é conhecido. Essa ênfase foi explicitada no segundo parágrafo inicial do opúsculo: como vimos, é uma exigência do modo segundo o qual o intelecto humano conhece que "o conhecimento dos simples seja recebido a partir dos compostos" e que "o conhecimento

23 Houde (1956, p. 520 s.) nota que esta *Suma* foi uma das fontes da obra de João de São Tomás e mostra que as opiniões a seu respeito divergiram entre extremos, que tanto a descreveram como "de excelente doutrina" (Maritain) quanto como repleta "de um conceitualismo nominalista que lamentavelmente alimentou a lógica de João de São Tomás" (Chenu).

dos anteriores seja alcançado a partir dos posteriores". Por natureza, "essência" tanto é mais simples que "ente" quanto é anterior a "ente". Segundo o modo como conhecemos as coisas, conhecemos o "ente" antes que a "essência", mas não, é importante frisar, no sentido de que conhecemos antes a *noção* de ente que a *noção* de essência ou que a noção de ente esteja implícita na de essência.

O ente não é "uma contribuição *a priori* do próprio intelecto" que viria a nós "por meio dos sentidos, mas não desde os sentidos", entendendo com isso que seu conhecimento seria inato em nós de um modo virtual enquanto apenas poderia "ser explicitamente conhecido ... por meio do e no conhecimento sensível" (*vide* DONCEEL, 1974, p. 76). Também não é aquilo que é primeiramente apreendido pelo intelecto no sentido de que "tudo o que é apreendido pelo intelecto é analisado ou pode ser decomposto na noção de ente, isto é, tudo o que é apreendido supõe a noção de ente", ainda que seja correto dizer que "afirmar que o ente é o primeiro objeto apreendido pelo intelecto não implica uma prioridade temporal da noção de ente sobre a apreensão de qualquer quididade, mas significa que a apreensão conceitual quididativa é sempre a apreensão de uma entidade determinada" (*vide* LANDIM, 2004, p. 206).

Tudo aquilo que é primeiramente apreendido pelo intelecto *por meio dos* sentidos certamente é exatamente o que é significado pelo nome "ente", pois tudo que é apreendido pelos sentidos é uma coisa *que é*. Nesse

sentido, o ente sempre é aquilo que é primeiramente apreendido pelo intelecto mesmo que por uma apreensão quididativa. Mas esse ainda não parece ser o sentido visado pelo opúsculo que estamos analisando. Na interpretação de Tomás, a frase aviceniana *não requer a defesa de que nossa primeira concepção sobre* algo seja a intelecção, ainda que confusa, da composição "a coisa é", mas pretende que o intelecto apreenda primeiramente sempre aquilo que põe algo na coisa. Pouco importa, quanto a isso, que essa primeira apreensão seja recebida inicialmente no intelecto como a apreensão de uma quididade que não inclui nem exclui a consideração do ser, ou seja, como uma quididade que não abarca a consideração do ser nem o pressupõe como algo implícito *a priori*. Também pouco importa, quanto a isso, que essa apreensão quididativa se dê simultaneamente ou conjuntamente com a volta aos fantasmas, que permite a composição intelectual que apreende *intelectualmente* a coisa em conjunto com seu ser[24] numa composição não veritativa, ainda que, no que diz respeito exclusivamente à descrição do processo de apreensão intelectual, dado que a apreensão quididativa e a volta conjunta aos fantasmas se deem simultaneamente e de modo indissociado, claramente seja o caso de dizer que "o ente e a essência são aqueles que são primeiramente concebidos pelo intelecto". Nesse sentido, não pode ser senão correto dizer que "a apreensão conceitual quididativa é sempre a

24 Cf., *supra*, o trecho relativo às notas 80, 81 e 82 e às próprias notas.

apreensão de uma entidade determinada". Menos correto ou mais duvidoso seria afirmar também nesse sentido que o ente seja concebido *antes* que a essência. Mas essa tampouco parece ser a intenção tomasiana: o ente é anterior à essência na ordem do aprendizado que permite entender como aquilo que é significado pelo nome "essência" está relacionado àquilo que é significado pelo nome "ente".

Em suma, na explicação de Tomás, aprendemos mais convenientemente quando começamos do que é mais fácil para nós, de modo que nosso conhecimento começa mais facilmente por aquilo que, segundo a própria natureza, é posterior. É segundo esse princípio que se há de começar a investigação pelas substâncias compostas a fim de depois chegar às substâncias simples. Mas há que se notar que o estudo dos acidentes, posterior ao estudo das substâncias simples, embora siga a ordem do aprendizado, não segue proporcionalmente uma ordem de natureza: obviamente os acidentes não são nem mais simples que as substâncias nem anteriores a elas. Eles são tratados depois das substâncias porque têm uma essência que deriva daquela das substâncias e por isso não pode ser aprendida antes delas, ainda que os acidentes sejam simultaneamente apreendidos com suas substâncias e, frisando ainda mais o descompasso, sejam, na natureza, "diferenças acidentais que surgem a partir das essenciais" (*O ente e a essência*, capítulo 5). Desse modo, nem sempre aquilo que é posterior quanto à ordem do aprendizado também o é quanto à ordem da apreensão e, principalmente, nem sempre aquilo que é

posterior quanto à ordem do aprendizado é, de qualquer modo, anterior quanto à ordem da natureza. Mesmo se estudados (/aprendidos) posteriormente ao estudo das substâncias, os acidentes não são anteriores às substâncias nem são necessariamente intelectualmente apreendidos *depois* de apreendidas intelectualmente as substâncias. Algo parecido se dá com o ente e com a essência.

Por fim, se nos voltarmos às descrições contemporâneas que buscam apresentar o caráter geral do opúsculo, veremos que ele é apresentado principalmente como uma espécie de "léxico metafísico",

> um trabalho que, como tal, envolve diretamente o problema da conexão entre a ordem lógico-linguística e a real: de que modo aquilo com que exprimem o conteúdo objetivo das coisas – precisamente a essência – é predicável das próprias coisas? (PORRO, 2014, p. 21).

D. Lorenz acrescenta ainda o que pode ser uma razão para que consideremos *O ente e a essência* desse modo. Tomás teria proposto, logo no início de sua obra, que o conhecimento das coisas simples seja tomado das coisas compostas tendo em vista um problema linguístico:

> A razão ou conveniência de tal metodologia repousa no fato de que o composto nos é o mais conhecido dos componentes. Não chegamos a conhecer os elementos físicos (água = H_2+O), ou os princípios metafísicos do composto (*ens = essentia + esse*), senão por força de análise ou divisão. Trata-se de um problema linguístico: as palavras, signos dos nossos conceitos, são simples portadoras de significado. O discurso humano está fundado sobre o

significado das palavras, que torna possível a comunicação humana. Para que se entenda bem desde o início, é sempre bom definir os termos. Por essa razão o primeiro capítulo poderia ser intitulado: *De lingua et metaphysica* (LORENZ, 1992, p. 101 s.).

Dada a exposição feita acima, essas descrições parecem demasiadamente redutoras. É inegável que parte da tarefa do tratado, e nós o destacamos, é dar o "significado de dicionário" dos termos "ente" e "essência". Isso é feito, porém, para que o problema principalmente visado fique claro: entender o sentido da afirmação aviceniana segundo a qual "o ente e a essência são os que são primeiramente concebidos pelo intelecto" para que se entenda de que modo isso é analogicamente classificado nas intenções lógicas referentes aos predicáveis. Nesse sentido, trata-se de mostrar que os predicáveis são intelecções de segunda intenção que classificam aquilo que é intelectualmente conhecido *segundo seu modo de ser na natureza das coisas*, que tanto pode ser material como imaterial; substancial ou acidental. Alcançar o significado de dicionário não é, portanto, o objeto do opúsculo, mas um instrumento para que seu objetivo seja atingido. Assim, *O ente e a essência* não é nada além de mais um bom exemplo de uma tese geral, a saber: a arte lógica é a base segundo a qual qualquer ciência é constituída enquanto disciplina ou campo específico do saber.[25]

25 Cf. TOMÁS DE AQUINO, *Exposição sobre os livros dos Segundos analíticos* I, cap. 1: "Essa arte é a lógica, isto é, a ciência da razão, a qual é da razão não apenas porque é segundo a razão, o que é comum a todas as artes, mas porque

Mais que uma discussão sobre os sentidos de "ente" e de "essência", o opúsculo tomasiano traz uma discussão sobre as diferentes coisas que são igualmente apreendidas por meio de uma apreensão quididativa, traçando a distinção entre os diversos modos de ser das coisas (se reais, se materiais, imateriais, substanciais, acidentais; se intelecções, se de coisas ou de ficções) e os diversos modos de se classificá-las como predicáveis em virtude desses modos de ser. Em vez de tratar das relações entre a linguagem e o real (Porro) ou entre a linguagem e a metafísica (Lorenz), trata-se, então, das relações entre o real e os desdobramentos de sua apreensão intelectual. Trata-se, portanto, da discussão do significado de noções fundamentais para a metafísica na medida em que esta é tomada como uma *ciência*, ou seja, um determinado tipo de conhecimento intelectual.

Vê-se que, ainda assim – e relembrando um passo essencial da interpretação boeciana a respeito do questionário porfiriano apresentado na *Isagoge* –, essa discussão trata do que "há de mais alto na filosofia", porque esse debate acaba alcançando um problema que está além de seu escopo: a constatação de que a essência é tanto algo independente do ser daquilo de que é essência quanto algo realmente distinto de qualquer ser. É independente do ser na medida em que, absolutamente considerada, não é possível que seja dito de qualquer essência, seja ela

é acerca do próprio ato da razão, tal como de sua própria matéria: e, por isso, vê-se que seja a arte das artes, uma vez que nos dirige no ato da razão, do qual procedem todas as artes."

de uma substância ou de um acidente, se ela é parte de algo material ou imaterial, que existe ou não, que existe para além do intelecto ou apenas no intelecto. Donde surge um problema que, de modo paralelo ao que acontece com a *Isagoge*, a obra não responde porque não faz parte de seu escopo: o que é essa essência que, em si mesma, nem é intelecção, nem realidade material ou imaterial? É, ainda, e consequentemente, algo independente de qualquer ser, fazendo com que surja ainda uma outra questão: de que modo é possível entender que uma essência seja realmente distinta de seu ser?

São, assim, duas as questões. Mas há que se reconhecer que apenas uma delas parece ter sido um problema deixado intencionalmente pelo próprio Tomás, a saber, aquele segundo o qual ainda faltaria dizer o que é, em si mesma, essa essência que, diferentemente do que apontava Boécio sobre a solução aristotélica, não é mais intelecção do que é a própria coisa da qual é inteligida e, diferentemente do que Boécio apontava ser a solução platônica, nada tem que sugira que ela possa ser algo "subsistente por si". Em outras palavras, o que é, em si mesma, a essência absolutamente considerada proposta por Avicena, que nem é a própria coisa conhecida nem a *nossa* apreensão quididativa dessa coisa? A segunda questão, que não parece ter sido intencionalmente deixada por Tomás, diz respeito mais propriamente à recepção da discussão. E o problema recebido é o de que não parece que se veja muito bem como é possível defender que seja algo separado do ser a essência na qual e pela qual aquelas

coisas (materiais, imateriais, fora do intelecto ou apenas no intelecto) têm ser.

Que a sorte do *O ente e a essência* tenha, desde o início, sido percebida como a de uma discussão profundamente ligada aos problemas deixados pelas interpretações da *Isagoge* de Porfírio o testemunham a aqui citada *Suma de toda a lógica de Aristóteles*, à qual, como apontamos, recorre, entre outros, João de São Tomás, e a questão *"quoniam" sobre os universais*, também de autor desconhecido e que também já foi atribuída a Tomás de Aquino. Que o segundo ponto tenha igualmente sido entendido como um dos principais problemas deixados pela obra, não só as várias discussões mais recentes como também os vários comentários "escolásticos" sobre o texto tomasiano o mostram abundantemente. Etienne Gilson aponta os *Comentários Escolásticos* de Domingos Bañez como um bom exemplo disso. O comentário de Bañez para a *Suma de Teologia* I (q. 3, a. 4) trata longamente desses problemas. Colhemos aqui, como exemplo, um dos trechos em que a menção ao *O ente e a essência* é feita de modo explícito:

> Há, em segundo lugar, a dúvida sobre a distinção do próprio ser da essência nas coisas criadas: é distinto da essência? [...] Para o estabelecimento da verdade, eis para nós a primeira conclusão: a essência e o ser não se distinguem unicamente pela razão. Vê-se que esta opinião é recebida em autores de muito peso, tanto filósofos quanto teólogos, e o D. Tomás a sustenta no opúsculo *O ente e a essência*, cap. 2 e 5; *Contra os gentios*, cap. 52 e 53 [...] (BAÑEZ, 1614, p. 103, col. 1D; p. 104, col. 1B).

Por fim, a própria conclusão da obra parece indicar que a "mais alta questão" sobre o que é essa essência, que absolutamente considerada não é mais intelecção que coisa, tenha sido vista pelo próprio Tomás como um problema que ultrapassa o escopo da discussão do significado de noções fundamentais da metafísica tomada enquanto ciência. Nela, será sugerido o deslocamento do *fim* do tratado, inicialmente apontado como sendo a atribuição da essência às intenções lógicas de gênero, espécie e diferença, para algo no qual ele possa encontrar sua completude ou consumação: aquele que, na discussão sobre a essência das substâncias imateriais, foi identificado como o "primeiro que está no fim da simplicidade, ao qual, em razão de sua simplicidade, não convém a noção de gênero ou de espécie e, consequentemente, nem a definição". É apontando para ele que, encerrando essa sua obra, Tomás expressa o desejo de que seja encontrado "o fim e a consumação" do discurso realizado, de modo que *O ente e a essência* termina reafirmando seu caráter de introdução.

Referências bibliográficas

Autores antigos e medievais:

[AUTOR DESCONHECIDO] 1864. *De totius logicae Aristotelis summa, seu de praedicabilibus, de praedicamentis, de enuntiatione, de syllogismis et de demonstratione. In*: TOMÁS DE AQUINO, 1864. *Sancti Thomae Aquinatis Opera Omnia,* Tomus XVII. Parma: Typys Petri Fiaccadori, p. 54-117.

[AUTOR DESCONHECIDO] 1864b. *De universalibus, Tractatus II (De universalibus «Quoniam»). In*: TOMÁS DE AQUINO, 1864. *Sancti Thomae Aquinatis Opera Omnia,* Tomus XVII. Parma: Typys Petri Fiaccadori, p. 131-134

BAÑEZ, DOMINGOS. 1614. *Scholastica comentaria in primam partem Angelici Doctoris usque ad LXIIII quaestionem auctore F. Dominico Bañes Mondragonensi.* Tomus Primus. Douai: Ex typographia Petri Borremans, sub signo SS. Apostolorum Petri et Pauli.

BOÉCIO, A. 1906. *In Isagogen Porphyrii Commenta.* Corpus Scriptorum Ecclesiasticorum Latinorum, vol. 48. Vindobonae: F. Tempsky/ Lipsiae: G. Freytag [= *Editio* 2ª].

TOMÁS DE AQUINO. 1886. *Commentaria in libros Aristotelis De caelo et mundo, De generatione et corruptione et meteorologicorum ad códices manuscriptos exacta. In: Sancti Thomae Aquinatis Doctoris Angelici Opera Omnia iussu impensaque Leonis XIII. P. M. edita cura et studio Fratrum Praedicatorum.* Tomus Tertius. Roma: Typographia Polyglotta S. C. de Propaganda Fide.

Tomás de Aquino. 1929. *Scriptum Super Libros Sententiarum Magistri Petri Lombardi Episcopi Parisiensis.* Editio nova, cura R. P. Mandonnet, O.P. Paris: Lethielleux, [T. I, Liber 1; T. II, Liber 2].

______. 1964. *In Duodecim Libros Metaphysicorum Aristotelis Expositio.* Roma: Marietti.

______. 1970. *Quaestiones disputatae de veritate,* volumen II, Fasc. 1, qq. 8-12. *In: Sancti Thomae de Aquino Opera Omnia iussu Leonis XIII edita cura et studio Fratrum Praedicatorum* [= Leonina]. Tomus XXII. Roma: Sancta Sabina.

______. 1976. *De ente et essentia. In: Sancti Thomae de Aquino Opera Omnia iussu Leonis XIII edita cura et studio Fratrum Praedicatorum* [= Leonina]. Tomus XLIII. Roma: Santa Sabina, p. 369-381.

______. 1989. *Expositio Libri Peryermenias*: editio altera retractata. *In: Sancti Thomae de Aquino Opera Omnia iussu Leonis XIII edita cura et studio Fratrum Praedicatorum* [= Leonina]. Tomus I* 1 Roma: Comissio Leonina; Paris: Vrin.

______. 1995. *O ente e a essência.* Tradução de Carlos Arthur Ribeiro do Nascimento. Apresentação de Francisco Benjamin de Souza Neto. Petrópolis: Vozes.

______. 1996. *Quaestiones de quolibet,* volumen 2: Quodlibet I, II, III, VI, IV, XII, Indices. *In: Sancti Thomae de Aquino Opera Omnia iussu Leonis XIII edita cura et studio Fratrum Praedicatorum* [= Leonina]. Tomus XXV. Roma: Comissio Leonina; Paris: CERF.

TOMÁS DE AQUINO. 1999. *Comentário ao* Tratado da Trindade *de Boécio*. Questões 5 e 6. Introdução e tradução de C. A. R. Nascimento. São Paulo: UNESP.

______. 1999b. *Summa Theologiae*. Torino: San Paolo, Editio tertia.

______. [inédito]. *Exposição sobre os livros dos Segundos analíticos*, livro I, capítulo 1. Tradução coletiva do CEPAME.

______. 2006. *Suma de Teologia*. Primeira Parte. Questões 84-89. Tradução e introdução de Carlos Arthur Ribeiro do Nascimento. Uberlândia: EDUFU.

______. 2015. *Suma contra os gentios* III. Edição bilíngue. Tradução de Maurílio José de Oliveira Camello. São Paulo: Loyola.

Estudos:

DONCEEL, J. 1974. Transcendental Thomism. *The Monist*, vol. 58, n. 1, Thomas Aquinas 1274–1974 (Janeiro, 1974), p. 67-85.

ECO, U. 1995. L'antiporfirio. *In*: VATTIMO, G. & ROVATTI, P. A. (cur.) *Il pensiero debole*. Milão: Feltrinelli, 10ª edição (original de 1983).

FORLIVESI, M. 2002. La distinction entre concept formel et concept objectif: Suárez, Pasqualigo, Mastri. *Les études philosophiques*, vol. 1, n. 60, p. 3-30.

GEIGER, L. - B. 1963. Philosophies de l'essence et philosophies de l'existence. *In*: *Philosophie et Spiritualité*. Tome I. Paris: CERF, p. 53-70 (original de 1948).

GILSON, E. 1952. *Being and Some Philosophers*. Toronto: PIMS, Second Edition Corrected and Enlarged.

______. 2001. *A filosofia na Idade Média*. Tradução de Eduardo Brandão. São Paulo: Martins Fontes.

______. 2016. *O Ser e a essência*. Tradução de Carlos Eduardo de Oliveira, Cristiane Negreiros Abbud Ayoub *et alii*. São Paulo: Paulus (Tradução da 3ª edição francesa).

______. 2022. *A existência na filosofia de S. Tomás de Aquino*. Tradução de Geraldo Pinheiro Machado, Gilda Lessa Melillo e Carlos Arthur Ribeiro do Nascimento. Revisão técnica para a nova edição: Francisco de Ambrosis Pinheiro Machado e Carlos Arthur Ribeiro do Nascimento. São Paulo: Madamu, 2ª edição com acréscimos.

HENLE, R. J. 2006. A teoria do conhecimento humano de Platão (R.J. Henle, *Santo Tomás e o platonismo*. Haia: Martinus Nijhoff, 1956, Parte II, Capítulo VIII, p. 387-396). Tradução de Carlos Arthur R. do Nascimento. *In*: TOMÁS DE AQUINO. *Suma de Teologia*. Primeira Parte. Questões 84-89. Tradução e introdução de Carlos Arthur Ribeiro do Nascimento. Uberlândia: EDUFU, p. 52-71.

HOUDE, R. 1956. Review of *Outlines of Formal Logic* by John of St. Thomas and F. C. Wade. *Speculum*, Chicago: The University of Chicago Press / Medieval Academy of America, vol. 31, n. 3 (Jul. 1956), p. 520-522.

LANDIM FILHO, R. 2004. Abstração e Juízo: observações sobre as noções de *ente* e de *ser* em Tomás de Aquino. *In*: Évora, F. *et alii* (eds.) *Lógica e Ontologia*: ensaios em homenagem a Balthazar Barbosa Filho. São Paulo: Discurso Editorial, p. 189-208.

LIBERA, A. DE. 1998. *A filosofia medieval*. Tradução de N. Campanário e Y. Campos. São Paulo: Loyola.

______. 2008. *Archéologie du Sujet* II: La quête de l'identité. Paris: Vrin.

______. 2011. Dénomination extrinsèque et « changement cambridgien ». Éléments pour une archéologie médiévale de la subjectivité. *In*: EMERY, K. *et alii*. *Philosophy and theology in the long middle ages*: a tribute to Stephen F. Brown. Leiden: Brill, p. 451-469.

LORENZ, D. 1992. *I fondamenti dell'ontologia tomista*: il trattato *De ente et essentia*. Bologna: Edizioni Studio Domenicano.

NASCIMENTO, C. A. R. DO. 2004. Metafísica negativa em Tomás de Aquino. *In*: PACHECO, M. C.; MEIRINHOS, J. F. (eds.). *Intellect et imagination dans la Philosophie Médiévale / Intellect and Imagination in Medieval Philosophy / Intelecto e Imaginação na Filosofia Medieval*. Actes du XIe Congrès International de Philosophie Médiévale de la Société Internationale pour l'Étude de la Philosophie Médiévale (S.I.E.P.M.), du 26 au 31 août 2002, vol. IV. *Mediaevalia. Textos e estudos* 23, p. 263-272.

______. 2006. As questões da primeira parte da *Suma de Teologia* de Tomás de Aquino sobre o conhecimento intelectual humano. *In*: TOMÁS DE AQUINO. *Suma de Teologia*. Primeira Parte. Questões 84-89. Tradução e introdução de Carlos Arthur Ribeiro do Nascimento. Uberlândia: EDUFU, p. 9-39.

OLIVEIRA, C. E. DE. 2017. Recapitulando uma disputa medieval: Boécio comentador de Porfírio e a Querela dos Universais. *Analytica*, vol. 21, n. 2, p. 9-36.

OWENS, J. 1965. Quiddity and Real Distinction in St. Thomas Aquinas. *Mediaeval Studies* 27, PIMS, p. 1-22.

PORRO, P. 2014. *Tomás de Aquino*: um perfil histórico filosófico. Tradução de Orlando Soares Moreira. São Paulo: Loyola.

ROENSCH, F. J. 1964. *Early thomistic school.* Iowa: The Priory Press.

ROLAND-GOSSELIN, B. 1948. *Le "De ente et essentia" de S. Thomas d'Aquin.* Texte établi d'après les manuscrits parisiens. Introduction, Notes et Études historiques par M.-D. Gosselin, O. P. Paris: Vrin.

SILVA, M. A. O. da. 2013. "Essência e reduplicação em Tomás de Aquino". *In*: SILVA, M. A. O. da. (ed.). *Linguagem e Verdade na Filosofia Medieval.* Salvador: Quarteto Editora, p. 109-125.

______. 2015. "Tomás de Aquino e a essência absolutamente considerada". *Kriterion*, 56: 95-105.

Esta obra foi composta em sistema CTcP
Capa: Supremo 250 g – Miolo: Pólen Natural 70 g
Impressão e acabamento
Gráfica Santuário